ミドル世代を襲う

人生100年時代

お金・健康・老後の
不安やストレスを
克服する

髙濵 愛

日経BP

はじめに

人生100年時代、充実した未来を築いていくガイド

私たちは歴史的な転換点に立っています。かつてない長寿の時代に突入し、「人生100年時代」という言葉が現実のものとなりつつある時代に生きているのです。人生100年時代とは、多くの人が100歳まで生きることが普通となり、人生の長さが大幅に延びることを指します。

この言葉は、人生100年時代をテーマとして2016年に出版された『LIFE SHIFT（ライフ・シフト）』（リンダ・グラットン&アンドリュー・スコット著、東洋経済新報社）で広く知られるようになりました。同書では、長寿化が進む現代において、従来の3つのライフステージ——教育、仕事、引退——ではもはや対応しきれなくなり、人生設計を根本から見直す必要があると主張しています。

日本は高齢化先進国であり、国レベルで様々な政策や取り組みが進められています。それらは私たちのこれからの生活を後押ししたり下支えしたりしてくれるものですが、人生100年時代はこれまで誰も見たことがない現実です。私たちは誰も想像もしなかった世界に挑戦し、飛び込んでいかねばなりません。

長寿はかつて「人類の夢」とされ、肯定的に受け止められていました。ところが、この夢がかなった今、多くの人々がこの長い人生をネガティブに捉え、将来の不安から現在を楽しめていない人がたくさんいるのです。

人生100年時代はどの世代にも影響することですが、特にミドル世代といわれる40代50代に大きな影響を与えているようです。平均寿命がもっと短かった親の世代はロールモデルになりにくい傾向にあり、年上の世代とは異なる生き方を懸命に模索しなければならなくなりました。その結果、将来への不安が日々の生活に影を落としているのです。

40代50代のみなさんは、あと半世紀続くかもしれない長い未来に向けての資金計画、健康管理、自己啓発、副業やリスキリングなどについて日々悩み、模索しています。これらは個人の悩みではなく、社会全体の問題です。こうした問題の答えを探ることは、40代50代だけでなく今を生きる私たち全員のテーマと言えるでしょう。

「これからは、働き方、学び方、余暇の過ごし方、引退後の生活など、すべての側面において、従来とは異なる新しいアプローチが必要とされるだろうな」——そんなことをぼんやりと考えていたある時、「私の専門が役立つのではないか」と気づいたのです。私の専門は「異文化コミュニケーション」です。海外など異なる文化圏において、スムーズにコミュニケーションを取る方法などを研究しています。

「人生100年時代に直面する」というのは、私が研究する「異文化を初めて経験する」のとよく似ています。だとすると、異文化コミュニケーションとしてこれまで研究してきたことは、人生100年時代に求められる新しいアプローチを探すヒントになるのではないだろうか。そう思ったことが、本書を書くきっかけです。

先の見えない不安を乗り越え、新たに人生をデザインするにはどうすればよいのでしょうか。それは、私たちが人生100年時代をどう捉えるかで大きく変わります。すなわち、人生100年時代をチャンスとしてポジティブに受け止めるのか、あるいはピンチとしてネガティブに受け止めるのか、ということです。

本書は、将来の不安に直面しながらも、希望を見いだし、充実した未来を築いていくためのガイドとなることを目指しています。ガイドがあれば、人生100年時代をポジティブに受け止めることができるはずです。読者のみなさんの気持ちに寄り添いながら、不安を解消し、行動に移すための具体的なアドバイスを提供します。

襲い掛かる不安の原因と仕組みを理解できる

本書を読むことで何が得られるのか、具体的に挙げてみます。

第一に、長くなった人生になぜ不安を感じるのか、その原因と仕組みを理解できるようになります。この理解を手始めに、不安の根源を探り、向き合っていく力を身に付けることができるようになります。また、不安の原因が分からないことにより増幅されてしまう新たな不安からも解放されます。

第二に、不安を感じることは、決してあなた1人だけではないことを知って安心することができます。新しい時代に直面して不安を覚えるのは自然なことであり、多くの人が同じような経験をしています。本書を通じて、不安に感じているのは自分だけではないと知り、安心することができるでしょう。

第三に、不安を解消するための方法として、日々の生活におけるコミュニケーションの重要性を再認識できます。将来を不安に思う気持ちは、自分自身に加えて、家族や友人、職場の同僚との積極的なコミュニケーションを通じて、少しずつ和らげることが可能になります。本書では、そうしたコミュニケーションの取り方に関する具体的なアドバイスを提供します。

そして最後に、これらを学ぶことで、この先50年ほど続く人生をポジティブに捉え、生きていくための力を得ることができます。新しい時代の到来に伴う不安を乗り越え、毎日をさらに豊かに生きる方法を見つける――それが本書の目的です。

本書の内容

人生100年時代は、多くの機会をもたらす一方で、同時に新たな挑戦も伴っています。この時代は予測不可能な変化と、その変化に適応するための新たな戦略を必要とする「異文化」のような存在です。本書では、人生100年時代という「異文化」に対する「不適応症状」を理解し、それに対処する方法に焦点を当てています。

社会現象を捉え、「人生100年時代不適応シンドローム」と命名

第1章で「人生100年時代の意味」についてまとめたうえで、第2章では現在の日本で40代50代の人々が直面している、これまでにない社会現象を紹介します。この社会現象は、人生100年時代というこれまでの人生観や価値観が通用しない新たな文化圏（＝異文化）に足を踏み入れたことで起きており、「人生100年時代不適応シンドローム」と呼べるものです。

副作用・対症療法、そしてセルフチェック

第3章では、人生100年時代不適応シンドロームの副作用を整理します。また、自己流の対応では対症療法になりがちであることから、その例と限界を明らかにし、根本的な対応策を考えることの重要性を訴えます。続く第4章では、みなさんがどの程度「人生100年時代不適応シンドローム」に陥る傾向があるのかを、「異文化不適応セルフチェックテスト」により自己診断していただきます。自分を知ることが、不適応に向き合う第一歩となります。

学術的説明

第5章は理論編です。人生100年時代という新しい現実を「異文化」として捉え直します。この異文化への適応過程を、コミュニケーション学と心理学の理論を用いて解析します。例え

ば、よく知られている異文化適応のUカーブモデルを例に挙げることで、人生100年時代への適応過程で発生するストレスや不安が、「カルチャーショック」として現れる仕組みを解説します。第6章からは、「人生100年時代不適応シンドローム」の解決策編になります。異文化適応には「ソーシャルサポート」が重要であり、そのカギを握る「コミュニケーション」について解説します。

適応するための「ワーク」、予防にもリハビリにもなる「トレーニング法」を紹介

第7章では人生100年時代に適応するための実用的な「ワーク」を、第8章では異文化適応に関するオリジナルの診断テストを用いて、読者一人ひとりに合ったトレーニングプランを提案し、実生活での活用方法を紹介します。読者のみなさんに自分自身で不適応症状を克服し、人生100年時代を豊かに生きていただくための具体的なアプローチを提供します。

以上が各章のあらましです。本書を通じて、みなさんが人生100年時代という新たな現実により良く適応し、その適応の中で豊かな人生を築くための知識とスキルを得ていただくことを願っています。

不安と向き合い、克服するための第一歩

40代50代のみなさんは、今、人生の中で非常に重要な役割を担っています。職場、家庭、地域社会での責任は決して軽いものではないでしょう。このような状況で将来に不安を抱くのは、決して恥ずかしいことではありません。人生100年という新しい時代を生きる私たち全員が直面する自然な反応であり、むしろ将来に対する意欲や向上心の表れと言えます。

本書は、そうした不安と向き合い、克服するための第一歩になります。本書を通じて、未来に対する不安を減らし、今をより楽しむ方法を見つけていただきたいと思います。そして、これからの人生をポジティブなものに変えていくためのインスピレーションを得ていただければ幸いです。この先の道のりは決して簡単ではないかもしれませんが、一歩ずつ前に進む勇気を持ってください。

未来は予測不可能ですが、準備することによって、不安を希望に変えることができます。本書を通じて不安の原因を知り、それに対処することで自分自身と向き合い、不安を希望に変える旅を始めることができるよう願っています。

私たちは、人生というこの長い旅の途中で、お互いに学び、支え合うことができます。本書が、その旅の有益なガイドとなり、みなさん一人ひとりの人生に光をもたらすことを心から願っています。

２０２４年10月　髙濵 愛

目次

〈第2章〉 人生100年時代を迎えたミドル世代の社会現象

〈第5章〉 異文化不適応の発生メカニズム

〈第1章〉「人生100年時代」の意味

1-1 人生100年時代の背景・メリット・デメリット

本書の出発点は、私たちが「人生100年時代」を考えるようになったことです。人生100年時代とは単なる長寿化にとどまらず、社会の構造や私たちの生き方が大きく変わることを意味しています。日本は特に長寿国として知られており、この新しい時代の先駆けとなっています。

本章では人生100年時代とは何か、その背景や、私たちの社会へのメリット・デメリットを説明します。読者のみなさんと人生100年時代の情報を共有することが目的です。特に新しいことは説明しませんので、「よく知っている」という方は読み飛ばして次章に進んでいただいても構いません。

人生100年時代が到来する背景には、医療の進歩、生活水準の向上など、様々な要因があります。ここでは主なものとして4つの背景を挙げます。

背景

背景１：医療の進歩

人生１００年時代が到来する背景には、医療技術の飛躍的な進歩があります。例えば過去数十年で、予防医療と治療法が飛躍的に進化しました。感染症対策の強化、ワクチンの普及、抗生物質の開発などにより、多くの病気が予防可能となり、治療可能な範囲も広がりました。かつては致命的とされていた病気も、早期発見と治療の進歩により生存率が大幅に向上していきます。また、スマートフォンで使える健康管理アプリなどが普及し、個人が自らの健康状態をリアルタイムで監視し、予防に向けた行動をとることが容易になりました。これにより、生活習慣病の早期発見や予防が可能になりました。

背景２：生活水準の向上・生活環境の改善

医療技術の進歩と並んで、生活水準の向上も長寿化の重要な要因です。例えば、戦後の経済成長に伴い、日本人の栄養状態は飛躍的に向上しました。食生活の改善により、栄養バランスの取れた食事が一般化して栄養不良は減少し、平均寿命の延びにつながっています。特に、魚や野菜を多く取る日本食の健康効果が注目されています。

加えて、上下水道の整備や住環境の改善により、基本的な生活条件が向上し、衛生状態が大幅に向上しました。これにより、感染症の発生が減少し、健康状態が全体的に改善されました。また、健康志向の高まりも、長寿化を支える要因となっています。多くの人々が健康的なライフスタイルを選択するようになった結果、生活習慣病の予防が進み、健康寿命が延びることになりました。

背景3：社会構造の変化

社会構造の変化も、人生100年時代を促進しています。都市化の進展や教育の普及により、体力的な負担の少ない仕事が増えました。これにより、シニア世代になっても働き続けることが可能な環境が整いつつあります。

背景4：科学技術の進展

科学技術の進展も無視できない要因です。新薬の開発によって、多くの病気が治療可能となり、寿命が延びています。また医療機器が進化し、高度な診断機器や治療機器が普及したことで、早期発見・早期治療が可能となりました。

このように人生100年時代の到来は、医療の進歩、生活水準の向上・生活環境の改善、社会構造の変化、科学技術の進展という多様な要因が複合的に作用した結果です。この背景を踏まえると、その影響は、個人のライフスタイル、社会構造、経済・教育システム、さらには国家政策に至るまで広範囲にわたります。

メリット

人生１００年時代の可能性と挑戦、すなわちメリットとデメリットについては、様々な点が指摘されています。まずは主なメリットを５つ見ていきましょう。

メリット１：長期にわたるキャリアと学習の機会

人生１００年時代では、人々が長く働き、学び続けることが可能になります。技術の進化や職業の変化に対応するため、学習を継続していくことが重要性を増します。例えば、オンライン教育や生涯学習プログラムへのアクセスが広がり、年齢に関わらず新しい知識やスキルを身に付けることができるようになります。これにより、個人は複数のキャリアを経験し、異なる業界・分野で知識とスキルを習得するチャンスを得ることができます。また、中年期以降でも新たなキャリアをスタートさせることが現実的な選択肢となり、生涯学習を通じて個人の成長と発展が促されます。

メリット2：成長と自己実現の機会

人生が長くなると、様々な趣味や興味を探求する時間が増えます。これにより、人生の充実感が増し、精神的な満足度を高められます。また、長い時間をかけて、自分自身のポテンシャルを最大限に発揮する機会が得られます。仕事だけでなく、個人的な目標や夢を追求する時間が増えます。

メリット3：多様な生活スタイルの選択

人生が長くなることで、個人は家族を持つタイミング、キャリアの変更など、生活スタイルに関するより多様な選択肢を持つことができるようになります。そのため、より充実した人生を送ることが可能になります。余暇の時間が増えることで、個人は文化的、社会的活動にもっと参加できるようになります。これは、コミュニティー（地域コミュニティー）の結束を強化し、社会全体の幸福感を高めることにもつながります。

メリット4：家族構造と社会の変化

長寿社会では、家族内に4世代またはそれ以上が同時に存在することが一般的になります。これにより、異なる世代間の知識や経験の共有が促され、家族の絆が強化されます。人生が延びることで、様々な世代間の交流が増え、社会全体の理解と協力が深まります。また、高齢者の社会参加が増えることで、彼らの経験や知識が地域社会やボランティア活動を通じて若い世代への教育や指導に生かされ、価値を生む機会が増えます。

メリット５：経済の活性化と新しいマーケットの創出

労働市場に高齢者が参加する機会が増え、それが経済に新たな活力をもたらします。多様な経験と知識を持つ高齢者の労働力は、新たなビジネスチャンスの創出やイノベーションを加速させます。さらに、高齢者向けの商品やサービスの需要が高まることで、健康ケア、福祉、教育、レジャーなど多岐にわたる分野で新しい市場が生まれます。これらは経済成長の新たな原動力となり得ます。

デメリット

メリットに続いて、デメリットを５つ示します。

デメリット１：社会保障システムへの圧力

人生１００年時代により、年金や医療などの社会保障システムに大きな負担がかかります。年金支給期間が延び、医療費が増えることが予想されます。高齢者人口の増加により、若い労働力にかかる税負担が増大し、福祉サービスの提供に問題が生じたり、経済に悪影響が及んだりする可能性があります。

デメリット2：健康と福祉の課題

長寿は、健康的な生活を維持するための挑戦でもあります。高齢になるにつれ、慢性疾患や認知症などのリスクが高まります。また、高齢者の増加は、介護サービスの需要を大幅に高めます。これに伴い、介護人材の不足や介護費用の増加が懸念されます。

デメリット3：労働市場と教育の課題

生産年齢人口の減少は、労働市場における人手不足を引き起こし、経済成長の足かせとなる可能性があります。また、職場における世代間での競争が激化する可能性があります。高齢者の雇用が促進される中で、若年層の就職機会が制限されるという問題が発生するかもしれません。教育システムへの影響についても、人生100年時代においては、従来の教育やキャリアパスが適合しなくなる可能性があります。これに対応するには、教育システムや労働市場を根本的に再設計することが必要となります。

デメリット4：健康とウェルビーイングへの挑戦

長生きすることと健康に過ごすことは必ずしも同義ではありません。健康格差は一層深刻化する可能性があり、特に低所得層の高齢者が健康問題に直面するリスクが高まります。就業期間の長期化や経済的な不確実性は、個人の心理的ストレスを増加させる可能性があります。また、社会の高齢化に伴う変化に適応することは、すべての人にとって容易ではないかもしれません。その他、長寿化に伴い、家族や友人との死別が増えることで、高齢者の社会的孤立が進む可能性があります。また、健康問題や身体機能の低下も孤立を深める要因となり得ます。

デメリット５：経済的課題

人生が長くなると、退職後の資金の準備がより複雑になります。十分な貯蓄をするには長期的な資金計画が必要になります。さらに、資産や教育機会の不均等によって、経済的な格差がさらに拡大するリスクをはらんでいます。長寿化の恩恵を受けることができるのは、十分なリソースを持つ個人や家庭に限られる可能性があります。

このように人生１００年時代は、私たちにとって前例のないチャンスであるのと同時に、大きなチャレンジでもあります。長寿化のメリットを最大限に生かし、デメリットを最小限に抑えるために、この新たな現実に適切に対応していくことが私たちに求められています。

1-2 政策への影響

メリットもデメリットも多い人生100年時代ですが、ここで日本の政策に目を向けてみましょう（**図表1-1**）。それは、高齢化社会の課題への対応、健康寿命の延伸、持続可能な年金制度の確立など、幅広い分野に及んでいます。

日本の人生100年時代に関連する政策は、これまで段階的に導入されてきましたが、2020年代に入って加速しています。

2000年には介護保険制度がスタートし、国民全体の健康増進を目指す「健康日本21」の第一次計画が開始されました。これにより、国民の健康増進と介護サービスの質の向上に重点を置いた取り組みが始まりました。

2010年代に入ると、「一億総活躍社会」構想の下、すべての世代が能力を発揮し、活躍できる社会の実現を目指す政策が打ち出されました。これには、働き方改革実現会議や介護離

図表1-1　人生１００年時代に関する日本の主な政策

年代	日本の主な政策	政策の概要
2000年代	介護保険制度のスタート（2000年）	介護サービスの質とアクセスの向上を図るため、介護保険法に基づく制度が実施されました
	健康日本21（第一次）の開始（2000年）	国民全体の健康増進を目的とした計画がスタートしました。生活習慣病の予防や健康寿命の延伸に重点を置いた取り組みが進められました
2010年代	高齢者雇用安定法の改正（2012年）	企業に対して、希望者の雇用延長を義務づけ、高齢者の働く機会を拡大する内容の改正が実施されました
	健康日本21（第二次）のスタート（2013年）	第一次計画の成果を踏まえ、さらに具体的な健康増進の目標が設定されました
	「一億総活躍社会」構想（2015年）	すべての世代がそれぞれの能力を最大限に発揮し、活躍できる社会を目指した政策が打ち出されました。経済成長と社会保障の持続可能性の両立を目指しています
	働き方改革実現会議（2016年）	「一億総活躍社会」の実現に向けて、長時間労働の是正、柔軟な働き方の促進など、働き方の多様性と柔軟性を高めることを目的として設置されました
	全世代型社会保障検討会議（2019年）	政府主催で、人生１００年時代における社会保障などを議論しています
	介護離職ゼロの推進（2010年代）	高齢社会対策大綱において、政府は「一億総活躍社会」として仕事と介護の両立支援策が強化され、介護を理由に仕事を辞める人がいなくなることを目標に掲げました
2020年代	高年齢者の就業確保措置（2020年代）	高齢者が社会参加し続けられる環境整備が進められました
	年金制度の改革（2020年代）	さらに多くの人が長期間働くようになることを考慮して、支給開始年齢の選択肢拡大などの改革が行われました
	介護人材の確保と育成（2020年代）	介護人材不足の解消を目指し、労働環境の改善、人材の参入促進などが図られました
	地域包括ケアシステムの推進（2020年代）	高齢者が住み慣れた地域で安心して暮らせるよう、介護サービスの提供体制の整備が進められています

出所：一般社団法人日本健康心理学会（2019）、一般社団法人日本ソーシャルワーク教育学校連盟（2021）、内閣府（2023）より筆者作成。政策や取り組みの導入年または提案された時期に基づいて列挙。

職ゼロの推進など、働き方の多様性や柔軟性を高める措置が含まれています。また、健康日本21の第二次計画により、さらに具体的な健康増進目標が設定され、国民の健康寿命延伸に向けた取り組みが強化されました。

２０２０年代に入ってからは、高齢者の社会参加と生涯現役社会の実現に向けた取り組みが加速しました。年金制度の改革や介護人材の確保と育成、地域包括ケアシステムの推進など、持続可能な社会保障システムの構築と高齢者が住み慣れた地域で安心して暮らせる環境整備にも力が入れられています。これらの政策は、高齢化社会の進展に伴う課題に対応し、すべての国民が健康で活躍できる社会を目指しています。

これらの政策や取り組みは、高齢社会※に対する包括的な対応策として、日本政府が進めてきたものです。人生１００年時代を見据えたこれらの施策は、健康で活力ある高齢社会の実現を目指しています。

※「高齢化社会」とは65歳以上の高齢者の割合が人口の7％を超えた社会を指し、日本は１９７０年から高齢化社会となりました。また、「高齢社会」とは65歳以上の高齢者の割合が人口の14％を超えた社会のことで、日本は１９９４年に高齢社会に入りました。さらに、「超高齢社会」とは65歳以上の高齢者の割合が人口の21％を超えた社会を指し、日本は２００７年に超高齢社会を迎えています（内閣府, 2023）。

〈第2章〉

人生100年時代を迎えたミドル世代の社会現象

2-1 7つの症状

前章で示した人生100年時代のメリットやデメリットは、既に多くの方が知っていることだと思います。こうした情報を「自分事」として捉えた人々の反応は様々で、特に顕著な反応を示しているのがミドル世代（40代50代）の方々です。

例えば、40代50代の方々は「あと50年も生きなければならない」という将来への不安を抱えています。老後の資金、健康、そして人間関係など、多方面にわたる不安が否応なくのしかかっています。それらを解消しようと日々様々な努力をされており、その結果として、40代50代に共通する行動が見られるのです。これまであまり見られなかったことであり、人生100年時代を生きる上での新たな社会現象と呼べるものです。

本節では、人生100年時代の情報に触れた、現在40代50代の方々に共通する7つの症状を紹介します（**図表2-1**）。いずれも、心豊かな人生を送ることを困難にしている症状です。なお、7つの症状に名前をつけていますが、それは現在の社会現象を表すために私が創作したものであり、医学的な基準や分類には基づいていません。また、いずれも架空の事例であり、名前などは特定の個人を指しません。

①情報過多疲労症（症状：過度に情報収集する）

青木さん（45歳、男性）

「この先50年生きるとなれば、かなりの老後資金を用意しておかないと不安です。投資に関する情報はできるだけ集めたいと思っています。しっかりと資産運用するためには、情報は多ければ多いほどいいですからね」

図表2-1　７つの症状

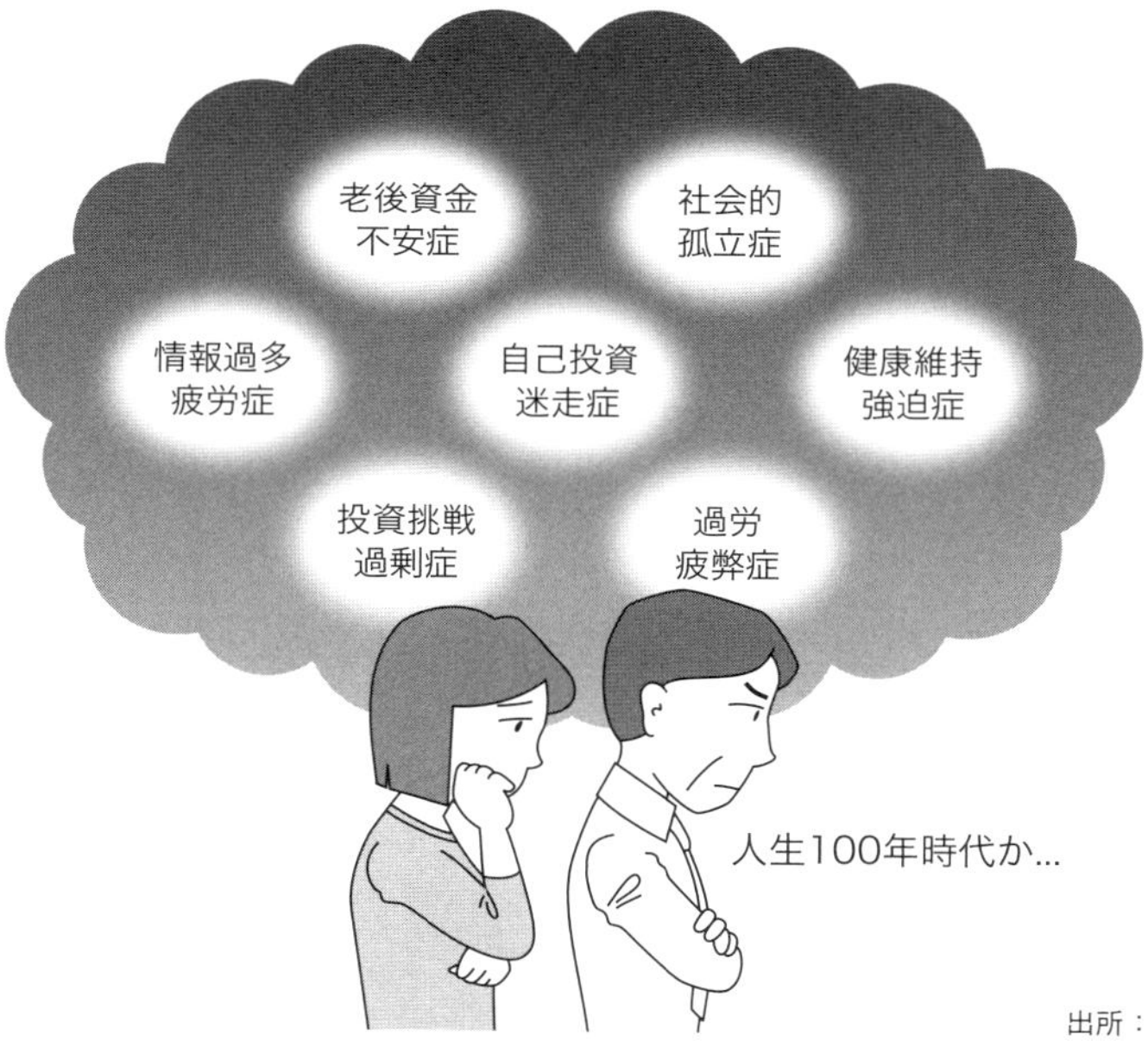

出所：筆者

青木さんは設計事務所に勤める技術者です。この先半世紀続くかもしれない将来を見据え、老後の資金づくりが気がかりです。そこで、確実に資産を築く方法を見つけたいと思い、インターネットで投資に関する情報を徹底的に収集するようになりました。仕事が終わると夜遅くまで投資ブログを読みあさり、夜遅くまで分析を重ねています。休日は金融機関を次々と回って説明を受けています。

しかし、情報があまりにも多岐にわたり過ぎて、どの投資手段が最適なのか分からなくなってしまい焦りを募らせています。家族からは「最近お金の話ばかりするようになった」と批判されていますが、なおも情報収集に明け暮れています。

石井さん（48歳、女性）

「夫からは、『図書館で借りた本がまた積み上がってるよ。それに、ネットの情報に振り回され過ぎじゃない?』と言われます。それは分かっているんです。でもこの先のことを考えると、いろいろ気がかりなことばかりなんです。だって、事前の準備が大切でしょう。できる限り情報を仕入れておかないと、対策を立てられないですから」

石井さんは専業主婦です。今後の人生設計に不安を抱えています。自分の健康、親の介護、老後資金など、気になることは山ほどあります。そこで、図書館で関連書籍を次々と借りては読破し、インターネットでも懸命に情報を集めています。しかし、情報があまりに多過ぎて混乱し、何をすべきか道筋を立てられずにいます。夫には「本やネットに頼り過ぎではないか」と異を唱えられますが、石井さんは不安にかられてなおも情報収集を続けています。

症状の解説

①情報過多疲労症で見られるのは、絶え間ない情報への飢餓感です。情報過多の時代において、多くの中高年が過度な情報収集に傾倒しています。この世代は、デジタル技術の進展により情報が氾濫する時代に身を置いています。社会の変化に遅れないよう、また、将来の不確実性を何とかコントロールして安心感を得ようと、必死に情報収集します。

40代50代の多くの方は、ほぼ毎日スマートフォンやテレビなどから情報を得ていることでしょう。このような情報の中には戦争や地震、感染症や事故に関するものなどがあり、矢継ぎ早に入れ替わって目まぐるしいほどに感じる時もあるでしょう。こうした行動は自分の身を守るための情報武装のようにも思えますが、ニュースやＳＮＳの情報を常にチェックするのはもろ手を挙げて良いことだとは言えません。

必要以上に情報を追い求めると、それがストレスの源となり、行動に移せなくなってしまうことがあります。特にSNSでは真偽の不確かな情報（フェイクニュース）や根拠のない情報、過度な憶測が拡散される傾向にあります。こうした情報にさらされ続けると、不安が増幅し、心理的なストレスが高まってしまうことも指摘されています。

個人の情報処理能力には限界があります。情報過多によってその能力を超えてしまうと、パニックや睡眠障害を引き起こすことがあるといわれています。また、情報の量に流されて情報の質の見極めができなくなり、現実的なリスクの評価もできなくなってしまうことが懸念されます。過度な情報収集は、安心を求める心理から来るものですが、かえって心理的負担を増加させ、結果的には心の平穏や余裕を奪い去ってしまいます。

②老後資金不安症（症状：質素倹約を徹底する）

上田さん（46歳、男性）

「妻からは、『週末のショッピングも外食もしようとしない。実家の親に送る仕送りのお金も減らしているし、こんな質素倹約はやり過ぎよ』と叱られます。同僚からも、『今日もお昼はお弁当ですか』と半分冷やかしのようなことを言われるようになりました。でもあと50年生きるかもしれないんですよ。これから先、どれだけの貯蓄が必要か分かりません。他に頼れるところもないから、出費は極力抑えたいんですよ」

上田さんは会社員として働きながら、人生１００年時代を見据えた生活設計に余念がありません。そのため最近になって質素倹約生活を送るようになりました。肉を控え、野菜中心の食生活を心掛け、昼食は毎日手作りの弁当を持参しています。実家の親への仕送りも最小限に抑え、外出も控えめにしています。

妻や同僚からは「それほど切り詰める必要はないのではないか」と指摘されることもありますが、上田さんは「長生きするにはそれなりの貯蓄が不可欠で、出費は極力抑える必要がある。努力に見合う報酬がない今、節約するしかない」と開き直っています。

江口さん（49歳、女性）

「夫からは『たまには新しい服を買ったらどうだ？』と嫌味を言われます。長女も『大好きなハンバーガーセットは我慢させられるし、お小遣いも減らすなんてケチくさい』と文句を言ってきました。ただ、今後のことを考えると、家族全員が節約意識を持たなくてはいけないんです。わがままは言わせないようにしないと」

専業主婦である江口さんは、将来のために節約生活を送るようになりました。古くなって見た目も悪くなった服でも着回しを続け、子供のファストフード代を渋るなど、できる限りコストを切り詰めています。夫や長女から「それほどケチケチする必要はない」と言われることもありますが、江口さんは「物を大切に使うことは環境にも優しいの。無駄遣いはダメよ」と反論しています。

症状の解説

経済的な不安定さを背景に、未来への備えとして質素倹約を選択する人が増えています。それが②老後資金不安症です。節約・倹約は美徳とされがちですが、この年代においては、将来の不確実性に対する防衛策としての側面が強くなっています。

自分の将来や老後の資金に対する懸念から、極端な節約を行う人もいます。40代50代の方の中には、将来や老後の不安を解消するために、現在の生活を過度に節約し、あらゆる支出を削減しようとすることがあります。例えば、日々の生活費を極限まで切り詰める、レジャーや趣味の時間を削減する、必要な健康診断や治療を後回しにする、といったことです。

こうした行動は、短期的には貯蓄を増やすことに貢献するかもしれませんが、長期的には生活の質を大幅に低下させます。節約という名の下で様々なことを犠牲にするのは一見合理的な選択のように見えますが、過度になると生活の質を下げ、人生の楽しみや満足感を自ら奪うことになってしまいます。

さらに、趣味や社会活動を制限することにより、ストレスや不満が蓄積し、孤独感が強まり、メンタルヘルスに悪影響を及ぼすこともあります。特にレジャーや趣味への投資を極端に減らせば、精神的な充実感を失ってしまいます。また、健康を犠牲にして節約することは、将来的に高額な医療費を招く原因になりかねません。現在の生活を楽しむ大切さを見失うこともあります。

③社会的孤立症（症状：孤軍奮闘で老後を守る）

大久保さん（48歳、男性）

「妻からは『残業が多過ぎて家族との時間がほとんどない。もっと目の前にいる家族を大切にしてほしい』と注意されています。でも、この先の人生を乗り切るには、かなりの蓄えが必要ですよね。家族のためにも、今のうちから準備しておかないと」

大久保さんはITコンサルタントとして働いています。人生100年時代を前に、老後資金が不安です。そこで、長時間の残業をいとわず、休日出勤も多く引き受けるという過酷なスケジュールをこなしています。妻や子供に対しては「これは家族のためでもある」と説明するものの、なかなか理解を得られず、家族とのゴタゴタが絶えません。金銭面を優先するあまり、子供の行事も大切にしたいと思いつつ、家族との時間がひどく削られてしまっているのが現状です。

加藤さん（54歳、女性）

「将来の生活費を確保するために、昼間だけでなく、夜や休日も働くのが当たり前になると思います。娘にはなかなか納得してもらえませんが、働けるうちに働いて将来安泰にしておきたいです」

加藤さんは公務員です。ある日、退職金の試算を見て老後資金が不足することが分かり、将来に不安を覚えるようになりました。そこで勤務の合間を縫って副業を始め、平日の夜と休日を使って別の会社でアルバイトを始めることにしました。家族には理解を求めていますが、「家にいる時間がなくなる」と心配の声が上がり、娘にはなかなか納得してもらえません。加藤さんは金銭面で将来の準備をしようとして、「将来の生活資金を得るにはこうするしかない」

と反論しています。

症状の解説

②老後資金不安症と併発しやすいのが③社会的孤立症で、「自分の老後は自分で守るべきだ」と孤軍奮闘することで起きやすくなっています。これは、社会保障への信頼低下と、自己責任の時代を象徴しています。

社会保障への不信感から、「自分の老後は自分で守るべきだ」と孤立無援で奮闘する人が増えています。ただ、家族や社会とのつながりを軽視し、１人ですべてを解決しようと孤軍奮闘する姿勢は、逆効果になりかねません。

完全な自己責任主義を採用することは、介護や健康管理、日々の生活支援など、将来的に誰もが必要とするサポート体制の構築を妨げ、孤立を深めてしまう原因となります。また、家族や友人、地域社会との関係を大切にすることは、精神的な充実感にもつながり、老後の生活の質を高める重要な要素になってきます。

奮闘する独立心・自立心は尊重されるべきではありますが、過度になると孤独や不安を深め、社会や家族とのつながりを弱めてしまいます。

④健康維持強迫症（症状：ストイックに健康を管理する）

木村さん（55歳、男性）

「妻は『スポーツクラブに行くのはいいけど、休みの日まで行って、家族とも出掛けないなんてひど過ぎる』と不満を感じているようです。ただ私は、これから何十年も生きるつもりなら、健康面での備えは絶対に欠かせないと思っているんです。家族の心配も分かりますが、健康を維持しないと家族のためにもならないんですよ」

メーカーで営業を担当している木村さんは、将来を見据えて健康面での備えが不可欠だと考えています。そこで、仕事の合間を縫って、スポーツクラブに通い始めました。筋トレや有酸素運動に加え、栄養指導も受けて食生活を徹底管理しています。仕事中はこまめに階段を上ったり下ったりして、歩数を確保しています。時には無理な食事制限をするなど、極端なこともしています。

休日もひたすらトレーニングに費やしています。家族には理解を求めていますが、なかなか同意を得られません。同僚からは「そこまでしなくてもいいのに」と冷やかされますが、木村さんは「１００歳を目指す以上、これくらいが当たり前」と開き直っています。

久保田さん（49歳、女性）

「長生きするには健康管理が欠かせません。これからも毎日続けないと、これまで続けた努力が無駄になってしまいます」

化粧品メーカーに勤める久保田さんは、仕事柄、美容や健康に強い関心を持っています。日ごろから間食を控え、休日は野菜中心の食生活にするとともに、数種類のサプリメントも摂取しています。会社の休憩時間にはストレッチなどの運動を欠かさず、ジムにも通い筋トレと有酸素運動を欠かさず行うようにしています。

友人からは「健康オタク」と揶揄《やゆ》されるほどのストイックさですが、「美しく長生きしたいのであれば、こういった健康管理は当然のこと」と開き直っています。健康を最優先する姿勢に、周囲の理解が追い付いていません。

症状の解説

④健康維持強迫症はストイックな健康志向に陥りがちで、それは長生きするための必要性から生じています。

人生100年時代を健康で活動的に過ごすために、食事や運動に対する意識が高まりを見せています。健康寿命を延ばすことに執着するあまり、食事や運動に対して過剰にストイックになる傾向が見られます。

例えば、健康に対する過度な心配から、極端な食事制限や過剰な運動に走ってしまったり、サプリメントや医薬品に過剰に投資したりしてしまう方がいます。極端な食事制限から栄養不足になったり、過剰な運動でかえって体調を崩したりすることもあります。

健康はもちろん重要ですが、極端な制限や運動といった過度な健康志向はストレスにつながります。一見健康的な生活を送るために役立つと思えますが、逆に生活を窮屈にし、楽しみを減少させ、健康問題を招く可能性があります。

⑤自己投資迷走症（症状：たゆまぬ自己改善をする）

検見川さん（52歳、男性）

「『スキルアップはいいけど、ちょっと度が過ぎない？』と妻に言われます。でも、私は長生きする以上、常に新しいことを吸収し続ける必要があると思っています。頭を動かし続けないと老化が進んでしまいますからね」

検見川さんはシステムエンジニアです。これからの長い人生を良い方向で生き抜くには、頭を常にフル回転させる必要があると考えています。そこで、プログラミングの新しい言語を次々と習得するだけでなく、哲学や心理学の本も熱心に読み、さらに語学の勉強にも余念がありません。限られた時間の中で、様々なスキルを身に付けようと懸命です。しかし、家族からは「一体何がしたいの？」と受け入れられていません。

小林さん（46歳、女性）

「勉強や資格の取得に忙しくしているので、家族が心配してくれるのはありがたいと思っています。でも退職後のことを考えると、これくらいのペースで自己啓発を続けていかないといけないんですよ」

小林さんは小学校の教員をしています。退職後を見据えて、今から自分を磨き続ける必要があると感じています。そこで、休日は資格の勉強やスキルアップの講座受講に明け暮れています。時には子育ての勉強会にも参加し、書籍や動画を活用した学習にも余念がありません。絶え間なく自己啓発に励んでいますが、家族は「そこまでする必要があるの？」と疑問を持っています。

症状の解説

⑤自己投資迷走症は、社会的、技術的変化に適応しようとする意識の表れです。自己成長・自己実現への強い意志から、絶え間なく自己改善に励む人がいます。新しいスキルや知識の習得は、この不確実な時代を生き抜くうえで確かに重要です。

自己啓発書を熱心に読みあさったり、様々なセミナーへ参加したりするといったことがその例です。これから50年先のことを見据え、スキルアップしなければ生き残れないという気持ちから、多種多様なリスキリング・学び直しにチャレンジしていらっしゃる方もいます。

ところが、老後も長く働けるようにと多くのスキルや資格取得のための学習に励んだ結果、それがストレスや過労の原因となることがあります。なぜなら、新しいスキルを身に付けたり資格を取得したりするには時間と労力が必要であり、過度に追求すれば精神的な疲弊を招いてしまうからです。

自己成長は素晴らしいことであり自己実現につながる可能性がありますが、休む間もなくスキルアップや資格取得に励む生活によって、精神的な休息が奪われ、疲弊してしまいます。絶えず自分を改善しようとするプレッシャーは、自己受容※の不足やバーンアウト（燃え尽き症候群）につながるリスクもあります。自己実現の追求が、かえって自己の幸福感を低下させてしまうという皮肉な結果を招いています。

※　自己受容とは、自分自身についてよく考えた結果として自分に納得していることを指します。自分に納得できていないと、心の健康を維持していくことが難しくなることが指摘されています（一般社団法人日本健康心理学会，2019）。

⑥投資挑戦過剰症（症状：高リスクな投資に挑戦する）

佐藤さん（56歳、男性）

「投資ではこのくらいのリスクを冒さないと大きな利益は得られないんですよ。この機会を逃したくないですからね」

佐藤さんは中小企業の経営者です。将来に備えるには、長期的な視点から事業を拡大する必要があると考えました。そこで、高リスクながらも大きな利益が望める投資に打って出ることにしました。仕事の合間を縫ってネットを駆使しながら、懸命に情報収集と分析を行っています。妻からは「会社の資金まで回すのは危険過ぎる」と批判されていますが、佐藤さんは「大きなチャンスを得るようにしないと、この先豊かな暮らしをすることはできないじゃないか」と反論しています。

清水さん（50歳、女性）

「友人は『ＦＸ（外国為替証拠金取引）や暗号資産（仮想通貨）は値動きが激し過ぎてリスクが高いから、本業に専念した方がいいんじゃないか？』と言っています。でも将来安心して過ごすには、この種の投資に賭けるしかないんじゃないでしょうか。一攫千金を狙える可能性がありますしね」

清水さんはエステサロンを経営しながら、個人投資家としても活動しています。自営業者として活動する中で、長い人生設計のためにはハイリターンの投資が不可欠だと考えるようになりました。そこで、仕事の合間を縫って、ＦＸや暗号資産の売買に熱中するようになりました。リスクは高いものの、一攫千金を狙えると清水さんは期待を寄せています。親しい友人からは

「本業がおろそかになっては元も子もない」と危惧する声が上がっています。それでも清水さんは、「長生きするには、この手の投資を避けて通れない」と開き直り、資金の大半を賭けて取り組んでいます。

症状の解説

老後の経済的な不安を解消しようと、高リスクな投資に手を出してしまう人がいます。それが⑥投資挑戦過剰症です。資産形成に対する強い願望が、株や暗号資産などの高リスクな投資に手を出させることがあります。背景には、定年後の生活資金への不安や、現在の収入だけでは十分でないという現実があります。

これらの投資は短期間で大きなリターンを期待させますが、時に大きな損失をもたらすリスクもはらんでいます。そのため、もし失敗した場合、老後の資金が大幅に減少してしまう可能性があり、精神的、経済的打撃は計り知れません。結果として、老後を安心して生活できるようにすることを目指すどころか、さらなる不安を招く原因となってしまうことになりかねません。

⑦過労疲弊症（症状：働き過ぎる）

鈴木さん（54歳、男性）

「妻は『平日だけでなく休日もパソコンの前に張り付いて、子供と過ごす時間も取れないなんて』と不満を持っているようです。でも、かわいい子供たちの将来のためにも、十分な資金を準備しておかないといけないんです。経済的な面で苦労をさせたくないですから、私が頑張らないと」

鈴木さんは大手ＩＴ企業の社員です。40代後半で子供が２人生まれたことから、教育資金に加えて自分たちの老後資金も確保していくことが最大の課題となっています。そこで、残業もいとわず、休日出勤も多い過酷なスケジュールをこなしています。妻や子供たちには「これは家族みんなの将来のためだよ」と話しているものの、なかなか同意は得られません。なんとか教育資金と老後資金をため込もうと懸命に働き詰めの日々を送っています。

関根さん（51歳、女性）

「これからの生活費を考えると、これくらい働かないと足りません。私なりに家事と両立をしているつもりなんですが」

関根さんは薬剤師として病院に勤めています。人生１００年時代を見据えた場合、退職金だけでは老後が心もとないと考えるようになりました。そこで、病院での勤務に加え、別の薬局でアルバイトを掛け持つようになりました。朝から深夜まで働き続けることとなり、休日さえも別の仕事に従事するありさまです。

しかし、そのせいで子供の面倒を見る暇がなくなり、「家庭が軽視されているのではないか」と夫から責められています。関根さんは「長生きする以上、この程度の働き方が当たり前になる」と開き直っています。金銭的な備えが最優先事項となり、プライベートが二の次になりがちです。

症状の解説

⑦過労疲弊症は、職場でのポジションや将来のキャリアへの不安からくるものです。経済的安定を求め、仕事に没頭して過剰なまでに働く中高年が多くいます。長時間労働や休日返上で仕事をするのは、生活を支え、家族を養うためという経済的な理由だけでなく、社会的地位や自己実現を追求したいという気持ちの表れでもあります。

しかしその結果、仕事以外の活動にほとんど時間を割かず、人間関係を犠牲にしてしまうことになります。長時間労働や過重労働は疲労とストレスを蓄積させることになり、健康を害したり、家族や趣味といった私生活の時間を奪ったりするため、人生の喜びから遠ざかることになってしまいます。

また、仕事に時間を費やしてばかりいると、家族や友人との関係が希薄化し、周囲の人々とのネットワーク（人的ネットワーク）が持つサポートの力※が弱まってしまいます。このことが、老後の孤独感や精神的な問題の原因になりかねません。「働き過ぎ」は、心身の健康をむしばみ、人生の豊かさを感じる機会を奪っているのです。

※「サポートの力」については、第6章で詳しく説明します。

2-2 人生100年時代不適応シンドローム

前節では、日本の40代50代の方に図表2-2に示す7つの症状が最近見られるようになったことを説明しました。

図表2-2　40代50代に見られる７つの症状

症状名	主な例
①情報過多疲労症	子育てが一段落し、自身の退職後と老後が気になり始め、健康や資産運用、終活などの情報を次々と集めていますが、もはや何を信じていいか分からなくなっています
②老後資金不安症	子育てに加え、老後の生活費と介護費用の心配があり、ほとんど外食やレジャーを控えています。しかし、十分な備えができているかどうかが常に気がかりです
③社会的孤立症	子供には迷惑をかけられないので、自分と妻の老後の面倒は自分たちで見なければならない。そう決めつつも、実際にはどうしたらよいか分からず、途方に暮れています
④健康維持強迫症	食事や運動に神経質になり過ぎ、健康を考えてばかりで落ち着かない生活を送りストレスが過剰にたまっています
⑤自己投資迷走症	長く働き続けるには常に最新のスキルが必要と考え、次々と資格を取得しています。しかし本当に必要なものが何なのかが分からず、計画性がなくなってきたことに加えて家族との時間が犠牲になり、本末転倒になりつつあります
⑥投資挑戦過剰症	老後資金をつくるため、わずかな貯金を元手に暗号資産（仮想通貨）投資を始めました。一時は大きくもうけることができたものの、リスクを理解せずにいたため、期待とは逆に大半の資金を失ってしまいました
⑦過労疲弊症	会社での仕事に加え、副業にも精を出していますが、長時間労働が続き、体を壊しかけています

出所：筆者

人生100年時代は「異文化」

これら7つの症状の背景にある「人生100年時代」とは、単に寿命が延びるだけのことではありません。人生のあり方そのものが大きく変わることを意味しているのです。

従来は、会社に勤めるほとんどの人が55歳や60歳で退職し、その後は比較的短い高齢期に入って余生を過ごすことが一般的でした。ところが、21世紀に入り平均寿命が急速に延び、今や90歳、100歳を超える高齢者も増えつつあります。

人生が大幅に長期化し、一度の人生設計だけでは対応し切れず、「複線的な人生設計」が必要になってきたのです。これまでの「単線的な人生」と「複線的な人生」では価値観もライフスタイルも大きく異なり、従来の経験則が役に立ちません。心理学やコミュニケーション学の観点から見れば、これは「異文化体験」そのものと言えます。

この異文化に適応するには、長年にわたって培ってきた生き方や意識を変え、新しいライフスタイルを模索しなければなりません。それは、簡単なことではありません。私たち人類は、かつて経験したことのない新しい文化の波に翻弄されているさなかにいるのです。そしてその中で、未知の文化への適応に手間取っている人たちが、様々な不適応症状を呈しているのです。

前節で示した7つの症状は、「人生１００年時代不適応シンドローム」と呼べるものです。人々が異文化環境である人生１００年時代に適応する過程で起こり得る一連の行動パターンであり、心理的な副作用の表れなのです。適応がうまくいかないと、様々な症状を引き起こしてしまうのです。

異文化適応は決して簡単なことではなく、多くの人が戸惑いながらも、様々な対応を繰り返しているのが現状です。つまり、「人生１００年時代不適応シンドローム」とは、人類が未経験の時代を生きていくうえで避けられないリスクなのです。これまでに経験したことのない超長寿社会に生きるための新しい価値観や生き方を求められる中で、そのストレスが様々な不適応症状を引き起こしているのです。

世代による違い

人生１００年時代という異文化は、すべての世代に影響しますが、若い世代は時間をかけることができるので自然に受け入れやすく、シニア世代は残りの人生がそれほど長くないことから新しい価値観への切り替えを強いられることがありません。人生100年時代への適応は、特にミドル世代（40代50代）にとって最も難しいのではないかと考えられます。

2024年の時点で40代と50代の方は、1965年（昭和40年）から1984年（昭和59年）に生まれた方たちです。昭和に生まれ、これまでに平成への改元、阪神・淡路大震災、地下鉄サリン事件、東日本大震災などの大きな出来事を経験してきました。最近では、新元号・令和がスタートした翌年となる2020年以降、新型コロナウイルス感染症（COVID-19）が世界的に流行し、私たちの生活にも大きな影響を与えました。

40代50代の多くは、こうした経験を経てキャリアの中盤を迎え、家族への責任、子供の教育、そして自身の老後の準備など、様々なプレッシャーに直面しています。経済的な不安定さ、職場でのポジションの不確実性、老後資金の準備、そして子供の教育費用など、数え上げればキリがありません。これらの重圧の下で、多くの人々は「将来のため」と自分自身を奮い立たせ、日々の生活の中で小さな幸せや楽しみを犠牲にしながら頑張り続ける選択をしています。

そんなミドル世代が、人生100年時代の適応に苦しむ理由は2つあります。

理由１：ミドル世代は前の時代の価値観になじんでいる

ミドル世代は親の世代を見て「人生80年時代」の価値観の中で生きてきました。短い就労期間と引退生活を前提に人生設計をしてきたのです。しかし人生１００年時代では、そうした価値観は通用しなくなります。長年なじんだ価値観から脱却するのは容易ではありません。

理由２：ミドル世代にはダブルのストレスがかかる

ミドル世代には、中年期のストレス※に加え、人生１００年時代への適応ストレスの２種類のストレスが重くのしかかります（**図表2-3**）。この二重のストレスが、異文化適応を一層困難にしているのです。

※生涯発達を研究したレヴィンソンは、40歳から45歳ごろに当たる成人前期から中年期への移行期を「人生半ばの過渡期」と呼びました（岡田, 2013）。この段階でキャリアの選択や人生の意味・方向性を見直さなくてはならなくなる時期としました（岡田, 2013）。また、ミドル世代は、「組織内で停滞を感じ、働くモチベーションが低くなる状態」（田中, 2019, p23）であるキャリア・プラトーに直面しやすいともされています。プラトーとは高原の意味で、キャリアを山に例えると、山の途中で平坦な「高原」が続き、山頂まで行かないところに停滞する、という状態を指します。

図表2-3　ミドル世代のストレス

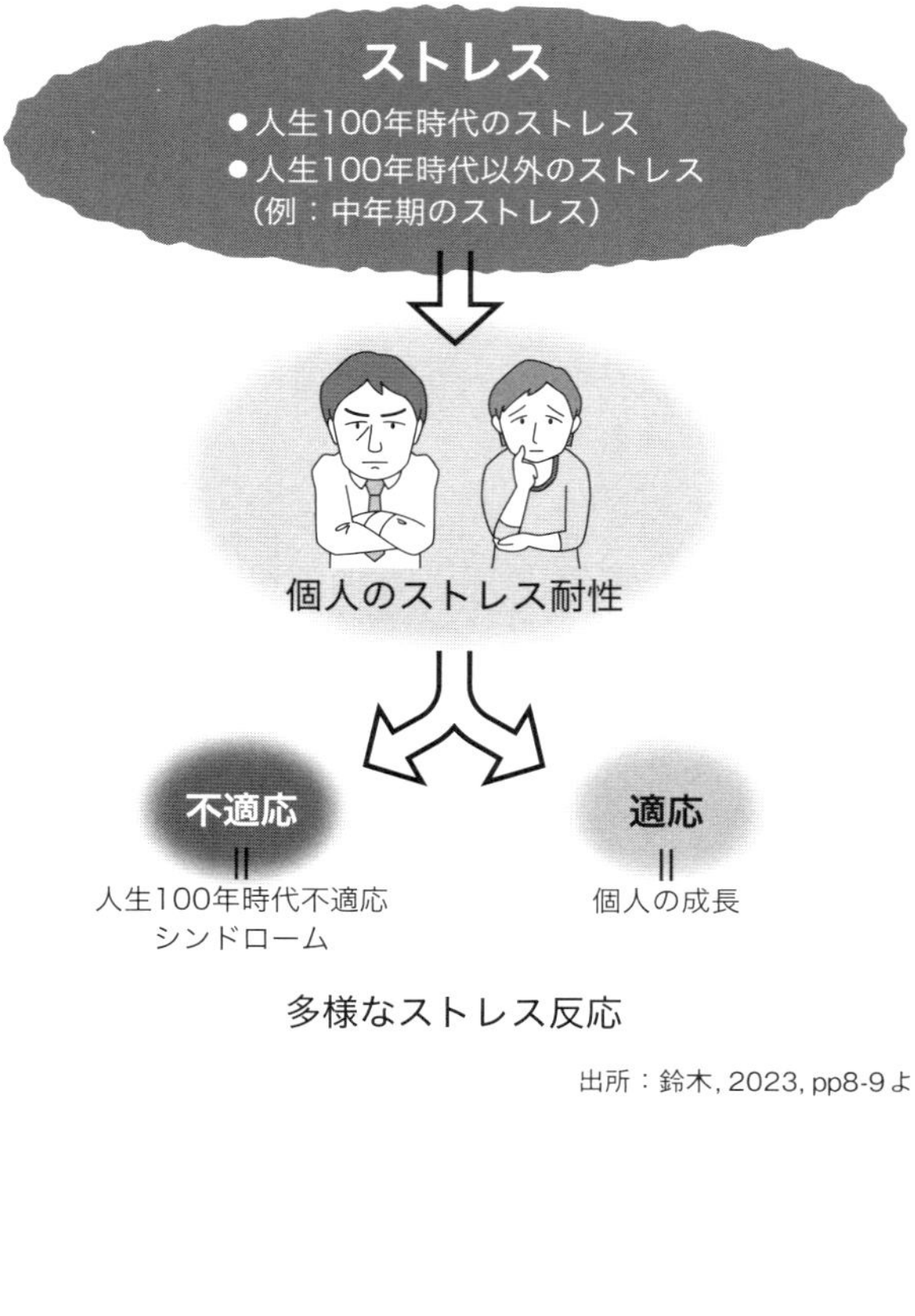

出所：鈴木, 2023, pp8-9より筆者作成

2-3 ７つの症状を３タイプに分類

人生１００年時代不適応シンドロームをより深く理解するために、７つの症状を３タイプに分類し、タイプごとに分析していきます。

７つの症状をサッカーのポジションに例えると、次の３つのタイプに分類することができます。なお、３つのタイプ名は、７つの症状名と同様に私による創作であり、学術的な名称ではありません。また、タイプの後ろの数字が大きいほど不適応の度合いが深刻であるという意味ではありませんので注意してください。

タイプ１：守るぞ！ゴールキーパータイプ

①情報過多疲労症（症状：過度に情報収集する）
②老後資金不安症（症状：質素倹約を徹底する）
③社会的孤立症（症状：孤軍奮闘で老後を守る）

タイプ2：仕掛けるぞ！攻撃的ミッドフィルダータイプ
④健康維持強迫症（症状：ストイックに健康を管理する）
⑤自己投資迷走症（症状：たゆまぬ自己改善をする）

タイプ3：決めるぞ！ストライカータイプ
⑥投資挑戦過剰症（症状：高リスクな投資に挑戦する）
⑦過労疲弊症（症状：働き過ぎる）

これら3つのタイプは、異文化である人生100年時代という環境に適応するプロセスのどの段階にいるか、または、適応戦略の選択の結果による分類です（**図表2-4**）。タイプ1は、まだ適応できずにいる適応の初期段階です。タイプ2は、少しずつ適応を試み始めている中期段階です。タイプ3は、全面的に新しい文化（やその価値観）を取り入れようとする戦略を採用した段階です。人がどのように新しい環境を受け止め、どう対処しようとするかで、現れる兆候は様々です。

それでは、タイプ1から順に概略を説明していきます。

タイプ１：守るぞ！ゴールキーパータイプ

タイプ1は、異文化適応の最も初期の段階で見られる防御的な態度・行動の表れです。適応初期のカルチャーショックによって引き起こされているのです（カルチャーショックなど、発生メカニズムについては第5章で説明します）。

サッカーにおいてゴールキーパーは、「最後の砦」としてチームを守る役割を担います。防衛の側面が強いポジションであり、守ることに特化したポジションです。このタイプの症状を起こしている人は、今までの自分の価値観や生活様式を守ろうとしており、「人生１００年時代」

図表2-4　タイプ１からタイプ３の適応のメカニズム

タイプNo	タイプ名称	症状	段階	メカニズム
タイプ１	守るぞ！ゴールキーパータイプ	①情報過多疲労症（症状：過度に情報収集する）	適応初期段階	適用初期のカルチャーショック
		②老後資金不安症（症状：質素倹約を徹底する）		
		③社会的孤立症（症状：孤軍奮闘で老後を守る）		
タイプ２	仕掛けるぞ！攻撃的ミッドフィルダータイプ	④健康維持強迫症（症状：ストイックに健康を管理する）	適応中期段階	新しい価値観にまだなじめず、旧来の価値観から抜け切れていない
		⑤自己投資迷走症（症状：たゆまぬ自己改善をする）		
タイプ３	決めるぞ！ストライカータイプ	⑥投資挑戦過剰症（症状：高リスクな投資に挑戦する）	異文化への同化を目指している段階	過剰に異文化を摂取し、自分を見失う
		⑦過労疲弊症（症状：働き過ぎる）		

出所：筆者

という新しい環境の変化から身を守ろうとします。これは自然な防衛反応であり、一定の保護機能を果たすことから初期段階では適切な対応と言えます。新しい環境や変化に対して慎重になり、自分を守ろうとする姿勢は、ある程度は必要なものです。

ただ、その姿勢のままでは異文化への適応は難しくなってしまいます。守りに入るだけでは行き詰まってしまい、本人の努力に反して、新しい文化を受け入れることから遠ざかってしまうのです。

タイプ1の①情報過多疲労症は、新しい環境に対する不安から自分を守ろうと、関連する情報を過剰に収集し続けているのです。②老後資金不安症は、長生きによって預貯金が底をつくのではないかという極端な不安から自分を守るために、贅沢を控え、極端な倹約・貯蓄に走ってしまっているのです。③社会的孤立症は、家族や社会からの支援に頼らず、自分1人の力だけで老後対策をして自分を守ろうとしているのです。

タイプ2：仕掛けるぞ！攻撃的ミッドフィルダータイプ

タイプ2は、サッカーの中盤の要ともいわれるミッドフィルダーに例えられます。守備と攻撃の両面があり、相手の攻撃を封じ込めつつ、時には自分から攻撃の糸口をつくり出していく役割も担っています。守りに入ることもあれば、攻めに出ることもあるという積極性を持ち合わせていることが特徴です。

タイプ２の症状は異文化適応過程の中期段階にあり、タイプ１のように完全に新しい環境から身を守ろうとばかりしているわけではありませんが、その一方で新しい価値観や行動様式を十分に取り入れられずにいる状態です。その結果、ある種のやや挑戦的で競争的な対応をとってしまうことがあります。

このタイプには、守りと攻めのバランスを取る難しさがあります。新しいことへの挑戦に熱中するあまり、自分自身のケアをおろそかにしてしまう危険があるのです。常に「攻め」の姿勢でいることによる精神的・身体的疲労も無視できません。換言すれば、新しい機会に飛びつきたい気持ちと、安定を求める気持ちの間で揺れ動き、その不安定さ故に疲労やストレスを感じやすくなってしまうのです。

タイプ２の④健康維持強迫症は、健康で長生きをしたいがための過度なこだわりの表れです。健康で長寿を全うしたいという願望から、食事や運動、趣味など細かいところまで行動を制限するルールを設け、ストイックにそれに従おうとしているのです。⑤自己投資迷走症は、自分を常に磨き続けようとする強迫観念の表れです。「人生が長くなるから自分を良くしていかなければ」と考え、自己啓発、資格取得など、様々な自己投資に費用と時間を費やし過ぎてしまうのです。

タイプ3：決めるぞ！ストライカータイプ

ストライカーとはサッカーにおいて勝利をもたらすゴールゲッターです。チャンスを確実にものにする決定力が重要であり、能動的な実行力に特徴があります。「守るぞ！ゴールキーパータイプ」や「仕掛けるぞ！攻撃的ミッドフィルダータイプ」と比較すると、「決めるぞ！ストライカータイプ」はより大胆で攻撃的なアプローチを取ります。

タイプ3「決めるぞ！ストライカータイプ」は、新しい文化や環境を全面的に受け入れようとする傾向があります。このタイプの特徴は、変化を積極的に受け入れ、新しい機会を最大限に活用しようとする姿勢です。この姿勢によって、長くなった人生における多様な可能性を最大限に生かすことができます。つまり、人生100年時代という新たな文化への適応において大きな利点をもたらしてくれるのです。

しかし、この姿勢が極端になると、自分を見失ったり、バーンアウト（燃え尽き症候群）を引き起こしたりする危険が付きまといます。新しいものを追い求めるあまり、自分のアイデンティティを喪失したり、健康やワーク・ライフ・バランスを犠牲にしたりしてしまうことがあるのです。

また、短期的な成果を出すことに過度にこだわったり、常に「前へ」という姿勢をとり続けたりすることは、時として周囲との関係性や、人生の他の側面のバランスを崩す原因となることもあります。

タイプ３の⑥投資挑戦過剰症は、人生１００年時代に向けてハイリスク・ハイリターンの投機的な投資に熱中し、資産を失う危険にさらされています。⑦過労疲弊症は、「長生きする」という新しい環境を見据え、リスクを顧みず、現役時代から残業を積み重ねて休日返上して働き続けています。

以上が３つのタイプの概要です。新しい環境を認めたがらず防御的になるのがタイプ１の守るぞ！ゴールキーパータイプ。徐々に適応を試みるようになり、しかし旧来の価値観からはなかなか脱却できずにいるのがタイプ２の仕掛けるぞ！攻撃的ミッドフィルダータイプ。新しい価値観に過剰に同化しようとするあまり、かえって自分を見失いかねなくなってしまう、というのがタイプ３の決めるぞ！ストライカータイプです。自分がどのタイプに陥りやすいのかを知りたい場合、第４章のセルフチェックテストをぜひ試してみてください。

〈第3章〉人生１００年時代不適応シンドロームの副作用と対症療法

3-1 人生100年時代不適応シンドロームの副作用

前章で紹介した、不断の情報収集、過度な節約や投資、孤軍奮闘、ストイックな健康志向、たゆまぬ自己改善、働き過ぎといった取り組みは、いずれも「今」を犠牲にして将来の見えない不安を解消しようとするものですが、こうした取り組みを続ければ、結果的に心豊かな人生を送ることが難しくなります。不安を和らげるための策が、かえって人生の質を下げる皮肉な結果を招いてしまうということです。

本章では、7つの症状をそのまま放置することで起こる副作用と、7つの症状に自己流で対処しようとすることの弊害について説明します。まず本節では、「今」を犠牲にするとどうなってしまうのか、3つの副作用として説明します。

3つの副作用

副作用1：ストレスと心身の健康への影響

過度に将来のことを心配し、今を犠牲にして頑張り過ぎると、ストレスがたまり、心身の健康問題を引き起こす原因になります。長期的なストレスは充実感を奪い去り、精神的な不調を引き起こしたり、生活の質を大幅に低下させたりすることもあります。

副作用2：人間関係の希薄化

家族や友人との貴重な時間を削り、仕事や将来の準備に力を注ぐことで、大切な人間関係が希薄になりがちです。人は社会的な存在であるため、人との深いつながりは、人生の満足度を高める重要な要素です。人間関係は、人生の喜びの大きな源泉であり、これを失うことは大きな損失と言えます。

副作用3：瞬間を生きる喜びの喪失

「将来のため」という目標に向かって努力すること自体はもちろん悪いことではありません。ただ、その過程で今この瞬間を楽しむことを忘れてしまうと、人生の豊かさが損なわれ生きる喜びを見失うことになります。一瞬一瞬の小さな幸せが、長い人生の中で大きな意味を持つこともあります。幸福は目的地だけではなく、旅の途中にもあるといわれています。

将来のためにと今を犠牲にして頑張り過ぎることは、人生１００年時代においてかえって心身の健康を害し、人生の質を低下させる可能性があります。体を酷使して走り続ければ、不老長寿どころか、「疲労」長寿になりかねない危うさがあります。

3-2 対症療法と問題点

7つの症状を放っておいてはいけないからといって、自己流での対応もお勧めしません。自己流の対応はたいていの場合「対症療法」にしかならず、表面的には役立つように見えても本質的な解決にはつながらず、新たな問題を引き起こしてしまうからです。

まず、対症療法とは何かを正しく理解したいと思います。

対症療法とは

対症療法とは、「病気の原因を取り除くのではなく、病気によって起きている症状を和らげたり、なくしたりする治療法」（国立国語研究所「病院の言葉」委員会, 2009）のことです。このアプローチの主な目的は、患者や個人が一時的に快適に過ごせるようにすることで、症状を緩和させて生活の質（ＱＯＬ）の改善を目指すことです。病気そのものや、その原因を治す「原因療法」とは異なり、根本的な解決策にはなりません（国立国語研究所「病院の言葉」委員会, 2009）。

対症療法が根本的な解決策にならない理由は、病気の原因ではなく、結果である症状にのみ対応しているからです。例えば、がんによる痛みを和らげるのは対症療法で、それは日々の生活を快適に過ごすことに役立ちますが、がんの治療においては根本的な解決策ではありません（国立研究開発法人国立がん研究センター, 2020）。

また、新型コロナウイルス感染症（COVID-19）の治療薬が開発される前段階においては、熱を下げたり酸素を投与したりするといった方法がとられました。これらは患者自身の免疫力を強くして体内のウイルスを駆逐するために行われたもので、対症療法の１つと言えます（東京大学保健・健康推進本部保健センター, 2021）。

即効性に優れた対症療法により患者は一時的に楽にはなりますが、症状を止めることを目的とした治療法であるため、病気の根本的な解決には至らず、完全な回復には至らないか、または回復までの時間が延びる可能性や再発の恐れがあります（日本先進医療臨床研究会ウェブサイト, n.d.）。

さらに、対症療法のみに依存してしまうと、病気の早期発見や予防の機会を逃す恐れがあります。例えば、発熱の症状が実はより深刻な別の病気の兆候である場合、解熱剤で症状のみを和らげることで、必要な診断や治療が遅れてしまうことがあります（国立国語研究所「病院の言葉」委員会, 2009）。このように、対症療法は一時的に快適にはなりますが、長期的に健康を維持していくには、病気の原因を理解して適切な治療を受けることが重要です。

対症療法の例と問題点

ここから、人生１００年時代不適応シンドロームに対して、多くの人々が取り組んでいる対症療法的な取り組みを６つ紹介し、それぞれの問題点を指摘します。

対症療法１：キャリア計画の対症療法的アプローチ

【例】

すぐに収入が増える仕事に飛びつく。

【問題点】

このアプローチは、第２章で紹介した①情報過多疲労症の方が誤った情報を選択してしまったときや、③社会的孤立症の方が将来の課題に1人で立ち向かおうとし過ぎてしまったときに見られます。短期的に収入を増やすことは魅力的かもしれませんが、長期的なキャリアの成長や満足度を考慮してキャリア選択をしないと、結局仕事に対する情熱やモチベーションを低下させてしまうことになります。人生100年時代では、自己成長や学習の機会につながるキャリアを選択し、定期的にスキルをアップデートしていくことが重要です。

対症療法２：健康と長寿への対症療法的アプローチ

【例】

短期間のダイエットや流行の健康法に頼る。サプリメントを過剰に摂取する。

【問題点】

この取り組みは、④健康維持強迫症の方に見られます。一時的に体重を減らしたり健康を改善したりすることは可能かもしれませんが、持続可能ではなく、リバウンドや健康問題を引き起こしかねません。また、健康維持や病気予防のために、栄養バランスが考慮されていないサプリメントを大量に摂取する行為にも問題があります。栄養バランスや体の健康を長期的に考えると、不足している栄養素を補うよりも、日々の食生活を見直し、バランスの良い食事を心掛けることが望ましいと言えます。長寿社会では、バランスの取れた食事、定期的な運動、ストレス管理など、日常生活に持続可能な健康習慣を取り入れることが重要です。

対症療法3：教育と学習の対症療法的アプローチ

【例】

短期間のトレンドに沿ったスキルを習得する。資格取得のみに焦点を当てて学習する。

【問題点】

⑤自己投資迷走症の方は、スキルの習得や資格取得に熱心に取り組まれる傾向にあります。その努力は評価されるべきものですが、急速に技術が進化する現代においては、一時的にスキルや知識を身に付けるだけでは不十分です。加えて、資格取得のみを目的とし、実務で応用させていくことや深く理解することを軽視してしまうことにも問題があります。継続的に学習してスキルをアップデートさせていくことが必要とされます。学び直し・リスキリングやキャリアの転換に対応できるよう、幅広い基礎知識と、変化に適応する柔軟性が求められます。

対症療法4：金融対策の対症療法的アプローチ

【例】

株や暗号資産（仮想通貨）など、短期間で大きなリターンを狙う投資（高リスク投資）をする。

【問題点】

これは⑥投資挑戦過剰症の例です。高リスク投資は大きな損失を招く可能性があり、長期的な資産形成や老後の安定した生活には不向きとされます。

対症療法５：退職計画の対症療法的アプローチ

【例】

退職金を受け取った際、一時的な欲望や衝動に基づいて消費してしまう。

【問題点】

この例は、⑥投資挑戦過剰症の方に見られます。たとえ投資が理由だとしても、退職金を一時的に消費してしまうと、長い人生を考えた場合、将来の生活資金が不足する原因となります。

対症療法６：社会参加の対症療法的アプローチ

【例】

社会参加の一環として、一時的にボランティア活動に参加する。多くの趣味に手を出してみるものの、どれも浅く広くの関わりにとどまる。

【問題点】

このような活動に取り組めば、一時的な満足感は得られるかもしれません。しかし、深い人間関係の構築や、個人の成長、社会への貢献といった面において長期的に価値を生むことは難しいと考えられます。継続的に関わりを持ち続けたり深い関わりを持ったりすることが求められます。退職後も意味のある活動や社会参加を続けられるようにしていくことが、心身の健康を保つ上で重要です。

対症療法の問題点：まとめ

対症療法は、短期的には将来への安心感をもたらすかもしれませんが、長期的に見ると、健康や幸福感、家族や友人との関係など、人生の本当の豊かさを構成する要素が犠牲になりかねません。

特に、心身の健康は一度損なうと、回復するのに時間と労力がかかります。また、家族や友人との大切な時間を失ったり、自分が本当に興味のあることや情熱を見失ったりしてしまい、後悔の原因となることがあります。頑張りが裏目に出て、未来の生活が明るくなるどころか、暗い影を落としてしまうことになるのです。

〈第4章〉 異文化不適応セルフチェックテスト

4-1
人生１００年時代への不適応を診断するテスト

人生１００年時代不適応シンドロームは誰にも等しく可能性のあることですが、人によっては全く症状が出ない人もいますし、複数の症状が出る人もいます。また、異文化に対する不適応の表れ方は一時的なものであり、適応が進めば症状も変化します。現時点での症状だけで判断するのではなく、表面化している症状以上に、自分がどのタイプの不適応傾向があるかを知ることが大切です。

そこで本章では、人生１００年時代を想定した、自分の異文化不適応の傾向を知る簡単なセルフチェックテストを紹介します。

このセルフチェックテストは、人生１００年時代という新しい文化に適応する過程で、不適応の症状が見られるかどうかを確認するためのものです。以下の文を読んで、あまり深く考え込まず、「全く当てはまらない」「あまり当てはまらない」「どちらでもない」「やや当てはまる」「非常に当てはまる」のどれか1つを選んでください。全部で14個あります。ぜひ、ご自身でやってみてください。

１「新しい情報を常に収集していないと気が済まないと感じる」

（　）全く当てはまらない

（　）あまり当てはまらない

（　）どちらでもない

（　）やや当てはまる

（　）非常に当てはまる

２「将来の資金について常に不安を感じ、節約を極端に心掛けている」

（　）全く当てはまらない

（　）あまり当てはまらない

（　）どちらでもない

（　）やや当てはまる

（　）非常に当てはまる

3「自分の老後を自分で守るために、他人と関わることを避ける傾向がある」
（　）全く当てはまらない
（　）あまり当てはまらない
（　）どちらでもない
（　）やや当てはまる
（　）非常に当てはまる

4「情報が多過ぎて混乱し、疲れてしまうことがある」
（　）全く当てはまらない
（　）あまり当てはまらない
（　）どちらでもない
（　）やや当てはまる
（　）非常に当てはまる

5「お金を使うことに対して罪悪感を覚えることが多い」
（　）全く当てはまらない
（　）あまり当てはまらない

（　）どちらでもない
（　）やや当てはまる
（　）非常に当てはまる

6「周囲の人々との関係が希薄だと感じる」
（　）全く当てはまらない
（　）あまり当てはまらない
（　）どちらでもない
（　）やや当てはまる
（　）非常に当てはまる

7「健康管理に対して非常に厳しく、ストイックに取り組んでいる」
（　）全く当てはまらない
（　）あまり当てはまらない
（　）どちらでもない
（　）やや当てはまる
（　）非常に当てはまる

8「自己啓発や改善のために多くの時間とお金を費やしている」
（　）全く当てはまらない
（　）あまり当てはまらない
（　）どちらでもない
（　）やや当てはまる
（　）非常に当てはまる

9「健康に対する不安や焦りを常に感じる」
（　）全く当てはまらない
（　）あまり当てはまらない
（　）どちらでもない
（　）やや当てはまる
（　）非常に当てはまる

10「どの自己啓発・改善方法が最適か迷って、頻繁に新しい方法に変えることがある」
（　）全く当てはまらない
（　）あまり当てはまらない

（　）どちらでもない
（　）やや当てはまる
（　）非常に当てはまる

11「高リスクな投資に挑戦することが多い」
（　）全く当てはまらない
（　）あまり当てはまらない
（　）どちらでもない
（　）やや当てはまる
（　）非常に当てはまる

12「仕事をし過ぎて、疲れている感じがいつもしている」
（　）全く当てはまらない
（　）あまり当てはまらない
（　）どちらでもない
（　）やや当てはまる
（　）非常に当てはまる

4-2
セルフチェック方法と結果

13「投資の結果について大きなストレスを感じることがある」
（　）全く当てはまらない
（　）あまり当てはまらない
（　）どちらでもない
（　）やや当てはまる
（　）非常に当てはまる

14「仕事以外の時間がほとんどない」
（　）全く当てはまらない
（　）あまり当てはまらない
（　）どちらでもない
（　）やや当てはまる
（　）非常に当てはまる

では次に、各回答に対して、次のポイントを割り当てます。**図表4-1**の「あなたのポイント」欄のどれか1つに「○」をつけ、「タイプごとの『不適応傾向』」欄に従ってポイントを集計することで、タイプごとのあなたの不適応傾向を判定できます。

全く当てはまらない　：０ポイント
あまり当てはまらない：１ポイント
どちらでもない　　　：２ポイント
やや当てはまる　　　：３ポイント
非常に当てはまる　　：４ポイント

不適応の傾向が「低い」場合、現在の生活を続けながら、潜在的なストレス要因に注意を払いましょう。特に第8章で紹介する予防に役立つトレーニングの中から、取り組みやすいものを試してみましょう。

不適応の傾向が「中程度」の場合、ストレス緩和・軽減策として、第7章で紹介するワークや、第8章で紹介するトレーニングの中から、自分の症状に当てはまるものを選んで試してみましょう。

不適応の傾向が「高い」場合、第7章で紹介するワークや、第8章で紹介するトレーニングの中から、自分の症状に当てはまるものを複数選んで試してみましょう。ただし体調がすぐれないといった症状があるときには、専門家の指導を受け、不安に対処できるような健全な方法を見つけることをお勧めします※。

※環境の変化に対する適応がうまくいかず、医療機関などで専門家に相談することを検討すべき兆候としては、例えば精神面では、よく眠れない、気分の落ち込み、身体面では頭痛、めまい、腹痛、行動面では身繕いにかまわない、業務効率の低下やミスの増加、笑顔や会話の減少などが指摘されています（鈴木, 2023）。

図表4-1　異文化不適応セルフチェックテストに基づくタイプごとの「不適応傾向」

タイプ	文の番号	あなたのポイント（前記回答をもとにどれか1つに○）	該当する7つの症状	タイプごとの「不適応傾向」
タイプ1	1	0・1・2・3・4	①情報過多疲労症	左の6つの合計ポイント（　　　） ・0～6ポイント：「低い」 ・7～12ポイント：「中程度」 ・13～24ポイント：「高い」
	2	0・1・2・3・4	②老後資金不安症	
	3	0・1・2・3・4	③社会的孤立症	
	4	0・1・2・3・4	①情報過多疲労症	
	5	0・1・2・3・4	②老後資金不安症	
	6	0・1・2・3・4	③社会的孤立症	
タイプ2	7	0・1・2・3・4	④健康維持強迫症	左の4つの合計ポイント（　　　） ・0～4ポイント：「低い」 ・5～8ポイント：「中程度」 ・9～16ポイント：「高い」
	8	0・1・2・3・4	⑤自己投資迷走症	
	9	0・1・2・3・4	④健康維持強迫症	
	10	0・1・2・3・4	⑤自己投資迷走症	
タイプ3	11	0・1・2・3・4	⑥投資挑戦過剰症	左の4つの合計ポイント（　　　） ・0～4ポイント：「低い」 ・5～8ポイント：「中程度」 ・9～16ポイント：「高い」
	12	0・1・2・3・4	⑦過労疲弊症	
	13	0・1・2・3・4	⑥投資挑戦過剰症	
	14	0・1・2・3・4	⑦過労疲弊症	

出所：筆者

もちろん、このテストで不適応傾向が「高い」と出たとしても、あきらめたり落ち込んだりする必要はありません。自分の現状を把握することこそが、不適応予防の第一歩になるのです。人は誰しも異文化に適応する際に一定の戸惑いや混乱、ストレスを経験します。しかしその乗り越え方次第で、うまく適応できるかどうかが分かれてきます。自らの適応力の強みと弱みを両方知っておけば、うまく対処できる可能性が高くなるはずです。

〈第5章〉 異文化不適応の発生メカニズム

5-1 「異文化適応」とはどういうことなのか

本章では、なぜ「人生100年時代不適応シンドローム」が起きるのか、その発生メカニズムを説明します。私の専門である「異文化コミュニケーション」の研究内容に基づき、やや学術的な内容を含みますが、できるだけ基本的なことから分かりやすく説明しますので、ぜひお読みください。

まず、「文化」「適応」という言葉の定義から説明します。

「文化」とは

「文化」という言葉は、「日本文化」や「フランス文化」など、民族的・国家的なものを指すと一般に考えられています。しかし本書で扱う「文化」の概念は、より広義のものです。文化とは、単に芸術、音楽、料理といったものだけを指すのではありません。私たちが世界をどのように理解し、どのようなことに価値を置くか、という側面も含んでいます。この広い概念の中には、伝統文化や食文化だけでなく、私たちの価値観やものの見方、そして社会の変化に対する対応の仕方も含まれているのです。

人生１００年時代は、文化の変容を促すだけでなく、現代の文化そのものの重要な構成要素でもあります。これらは、人々の生活様式、コミュニケーションの方法、働き方、価値観など、文化を構成する核となる部分に直接影響を与えています。文化は、その時々の社会的、経済的、技術的条件に応じて常に進化しており、人生１００年時代はこの進化の現代的な表れと言えるでしょう。

また、文化は「自文化（母文化）」と「異文化」に分けられます。自分が生まれ育った環境の価値観や習慣の総体が「自文化（母文化）」で、それ以外の環境はすべて「異文化」と位置付けられます。人生１００年時代は私たちにとって未知の文化、未体験の文化ですから、「異文化」※と見なすことができます。それは、これまでの価値観ややり方（つまり自文化）が通じないことを指します。人生１００年時代は私たち全員を包みこむ大きな文化ですから、その影響の大きさは計り知れません。

※「異文化」の他に、「他文化」と呼ぶこともあります（石井・久米, 2013, p150）。

「適応」とは

次に、「適応」※という言葉について説明します。この言葉は、**図表5-1**に示すように生物学や医学、工学など様々な分野で用いられますが、「異文化適応（または、異文化に適応する）」という文脈の中で使っている「適応」は、心理学分野における意味で使用します。

※ 適応は英語ではadaptationの他に、adjustmentやaccommodationといった異なる単語が用いられます。分野によって使い分けされていますが、日本語では多くの場合厳密に使い分けをせずに「適応」と訳されます（最新医学大辞典編集委員会, 2005, p1261）。

心理学的適応（心理的適応）

心理学的「適応」とは、個人が自分自身の内部の欲求やモチベーションと、それを取り巻く外部環境の間でバランスを見つけ、調和を図るプロセスを指します。言い換えると、心理学的適応は、自分自身と外の世界との間でうまくやっていくための一連のプロセスです。このプロセスには、自己の目標や願望を実現するために、外部環境の制約や障害、社会的な要求や期待と向き合い、うまく対処することが含まれます。そのため、心理・社会的適応と呼ばれることもあります（野島, 2022, pp308-309）。

適応は一度きりの出来事ではなく、人生を通じて続く継続的なプロセスです。簡単に言えば、心理学的適応は、自分の望むことを実現しつつ、現実の世界で生きていくための方法を見つけることを意味します。

なお、適応の要因としては「内的要因」と「環境要因」があることが知られています。海外留学を例にすると、内的要因には、属性（例えば、性別、年齢、学歴など）、海外生活経験の有無や滞在期間、移動の目的や動機などが含まれます。環境要因には、相談できる相手の有無や、移動先の文化と自文化の違いの程度などが挙げられます。これら２つの要因が相互に作用しながら、個人の異文化適応に影響を与えています（異文化間教育学会, 2022）。

心理学的不適応（心理的不適応）

適応は生き延びるために不可欠ですが、逆

図表5-1　「適応」という言葉が使われる分野とその意味

分野	当該分野での「適応」の意味
生物学	生物学における「適応」は、生物の生存と繁殖の成功のために、時間をかけて環境に適した形質を発達させるという進化のプロセスを指します。この適応は、自然選択や遺伝的変異などによって起こります。例えば、カメレオンが色を変化させる能力は、捕食者から身を守るためや獲物を捕らえやすくするための適応です。また、暗い洞窟環境に生息する魚が徐々に視力を失い、その代わりに触覚や嗅覚が発達することは、生物学的な適応の一例です※ ※広辞苑第七版では、生物学で使われる「適応」について、「主に遺伝的な変化についていうが、そうでないものがあり、狭義には後者を順応と呼んで区別することがある（p1993）」としています。これについて最新医学大辞典第３版（p1261）では、遺伝的な変化を狭義で適応（adaptation）といい、個体一代限りの順応（adjustment）または調節・順応（accommodation）と区別する、と述べています
医学	臨床医学における「適応」は、例えば薬や手術が病状に適しているかどうかという意味で用いられています。「ウイルス感染症は抗生物質の適応症ではない」といった形で使われることがあります（最新医学大辞典編集委員会, 2005, p1261）
工学	制御工学においては、「生物が環境に対して適応する機能を制御器の設計に応用する技術」（宮里, 2018, piii）を「適応制御」と呼びます

出所：筆者

に「適応しないこと」（新村, 2018, p2574）を「不適応」といいます。つまり、適応がうまくいかず、環境に対して効果的に対応できない状態のことです。例えば、社会的なつながりから孤立することや、長期間にわたる過剰なストレス、アルコールの乱用などは、心理学的不適応により引き起こされる行動に該当します。

心理学的不適応は、個人の健康、幸福、人間関係、仕事のパフォーマンスなどに悪影響を及ぼし、心理的なストレスや不安、抑うつなどを増加させ、全般的な生活の質を低下させる可能性があります。

心理学的不適応により引き起こされる行動には、次のような例があります。

心理学的不適応による行動の例

1. 過度な心配

将来（の出来事）について過剰に心配する。小さなことまで過剰に心配し、不安を感じる。

2. 社会的孤立

人との接触・交流を避け、孤立する。

3. **衝動的な行動**
考える前に行動する、特にリスクの高い行動をとる。

4. **過度のゲームやインターネットの使用**
現実からの逃避やストレス解消の手段として、ゲームやインターネットに過剰に依存する。長時間ゲームやインターネットを使用する。

5. **過剰なデジタルデバイスの使用**
スマートフォンやコンピューターの過度な使用によって精神的、肉体的に疲労する。

6. **極端なリスクテイキング**
危険を顧みずにリスクの高い行動をとる。

7. **過度な自己犠牲**
自分の欲求・健康・幸福を犠牲にして他人を優先する。自分のニーズを無視し、他人のために過度に尽くす。

8．過度の競争心

常に他人と競争し、勝ち負けにこだわる。

9．過度な仕事

ワーク・ライフ・バランスを無視して仕事に没頭する。仕事に没頭し過ぎて、私生活を犠牲にする。

10．過度な情報収集

ニュースやSNSから情報を過剰に収集し、不安やストレスを感じる。

11．無理な目標設定

達成不可能な高い目標を設定する。

12．未来への過度な焦点

現在を楽しむことなく、常に未来のことを心配する。

13. **感情の抑圧**
自分の感情を表現せずに抑え込むことで、心理的ストレスが増える。

14. **否定的思考の固定化**
物事を常に悲観的に捉える。

15. **極端な完璧主義**
完璧を求め過ぎて、常に不満を感じる。達成が非現実的な高い基準を設定し、常にそれに到達しようとする。

16. **過剰な努力**
休息することなく、常に何かを成し遂げようとする。体力や精神力の限界を超えて努力し、バーンアウト（燃え尽き症候群）を引き起こす。

17. **極端な節約**
金銭的な不安から過度に節約し、生活の質を下げる。

18. 過度な責任感・義務感
必要以上に責任を感じ、プレッシャーにさいなまれる。自分に課せられた義務や責任に圧倒され、ストレスを感じる。

「異文化適応・不適応」とは

「文化」と「適応」を説明しましたので、次に「異文化適応」という言葉について説明します。「異文化適応」とは、「異文化との相互作用を通し、異文化に基づく困難を乗り越え、心身が健康で、社会的にも良好な状態で、自己実現を目指そうとする過程である」(石井・久米, 2013, p173)ということができます。これを言い換えると、個人が自身と異なる文化の環境に置かれた際に、そこで生活するために必要なスキル、態度、行動を学習し、心理的な快適さを獲得するプロセスという意味になります。

本書は、異文化適応についての研究成果が豊富に蓄積されている「異文化間心理学」と「異文化コミュニケーション学」の理論と知見に基づいています。

「異文化間心理学」とは、「一般的に人間行動が文化的文脈によってどのように影響を受けるのか、人間行動の多様性を説明する研究」（異文化間教育学会, 2022, p190）を指します。これを分かりやすく言い換えると、文化が人間の思考、感情、行動にどのように影響を及ぼすかを研究する心理学の一分野です。

「異文化コミュニケーション学」とは、異なる文化的背景を持つ人々同士のコミュニケーションプロセスを研究する学問領域です。異文化コミュニケーションの意味は「異なる文化的背景をもつ個人・集団・組織が言語メッセージおよび非言語メッセージを交換・共有・構築しながら相互に影響しあうこと」（石井・久米, 2013, p36）です。言語的メッセージ（口頭または書面でのコミュニケーション）および非言語的メッセージ（ジェスチャー、表情、空間の使用など）を通じて情報を交換し、相互に影響を与え合いながら意味を共有し、構築する過程を指します。

本書ではこれら両分野の知見に基づいて「不適応」という言葉を用いています。類似の言葉として、臨床心理学の分野では「過剰適応」、医学では「適応障害」という言葉※があり、それらの中には「不適応」と重なる部分も多く見られます（**図表5-2**）。

※ 医学分野ではその他、「適応不全」という言葉が用いられることもあります。

図表5-2　「不適応」と類似の言葉

分野	言葉	意味
臨床心理学分野	過剰適応	「社会・組織へのふさわしい適応を通り越し、自分本来の欲望や志向を抑圧してまで、社会が自分に期待するものに過剰に適応した状態」(小林, 2004, p123) を指します。例えば、感情やニーズの過度な抑圧、過剰な自己犠牲、過剰に周囲に合わせること、過度に仕事に取り組むこと、完璧主義、の５つは過剰適応の例に挙げられます
医学分野	適応障害	「就職や異動、進学、結婚、離婚といった環境の変化によるストレスが要因で発症する病気」(岩波, 2021, pp12-13) のことです。適応障害の症状は、心理的なものから身体的なものまで多岐にわたります。主な症状には不安、抑うつ、睡眠障害、激しい心配や悲しみ、集中困難、仕事や学校の成績の低下、社会的な引きこもり、食欲不振または過食、身体的な不調（頭痛や胃の不快感など）などがあります

出所：筆者

5-2 ５つの異文化適応モデル

異文化適応のコミュニケーション学理論

ここから、人生１００年時代不適応シンドロームの各種症状が発生するメカニズムを説明します。異文化適応に関する様々な理論モデルを概観し、不適応が生じる背景にある心理プロセスを説明します。

人生１００年時代不適応シンドロームを私の専門であるコミュニケーション学で説明しようとすると、リスガード、オバーグ、ベネット、アドラー、ベリー、キムなどが登場します（**図表5-3**）。

すべての理論を詳細に説明するのは本書の目的ではありませんので、これらの理論を分かりやすくまとめた「異文化適応モデル」を５つ説明します。

異文化適応モデル１：適応は曲線的なプロセスである（リスガード）、プロセスの途中でカルチャーショックの段階を経る（オバーグ）

異文化適応の代表的なモデルに、リスガードの適応曲線があります（Lysgaard, 1955）※1。これは適応が時間の経過とともに変化する曲線的なプロセスであることを示すものです。この曲線の変化の形が、アルファベットのＵに似ていることから、Ｕカーブ（Ｕ曲線）と呼ばれることがあります。また、このＵカーブの「谷」に当たる部分が、「カルチャーショック」と呼ばれています（Oberg, 1960）※2。

※1 このモデルは、仮説として提唱されたものであり、Uカーブ仮説とも呼ばれています。そのため、個人差があり、誰もが同じようにUの形を描くように適応していくわけではありません。

※2 後続する研究で、カルチャーショックには、外国で起こるもの、自国内で起こるもの、リエントリーショック（逆カルチャーショック）の3種類があることが示されています（小林, 2004, p138）。本書では、自国内で異文化に接触して起こるもの、を扱います。

図表5-3　タイプごとのコミュニケーション学の理論

タイプ	対応するコミュニケーション学の理論
タイプ１：守るぞ！ゴールキーパータイプ	・リスガードの「第１・第２段階」とオバーグの「カルチャーショック」 ・ベネットの「第２局面の防衛」 ・ベリーの「分離」 ・アドラーの「接触期」
タイプ２：仕掛けるぞ！攻撃的ミッドフィルダータイプ	・リスガードの「第３段階」 ・ベネットの「第３局面の最小化」
タイプ３：決めるぞ！ストライカータイプ	・ベリーの「同化」
タイプ１、２、３共通	・キムの移民の適応に関する研究 ・アドラーとキムが提唱する「適応で成長できる」説

出所：筆者

図表5-4の「ハネムーン期（蜜月期）」は、新しい文化に対して好奇心や期待を抱いている時期です。続くUカーブの谷の時期になると、異文化への戸惑いやストレスなどのマイナスの感情を強く感じるようになります（「カルチャーショック期※」）。それが「カルチャーショック」です。しかし次第にその文化に慣れて（「回復期」）、最終的には安定した「適応期」に至ります。

※カルチャーショック期の他に、「ショック期」「混乱期」という名称が用いられることがあります。

異文化への適応が軌道に乗るまでの間には、誰もが避けられない落ち込みの時期があり、その過程は決して平坦ではありません。このカルチャーショックが、不適応症状のうちとりわけタイプ1の原因になっていると考えられています。カルチャー

図表5-4　異文化適応のモデル：Uカーブ（U曲線）

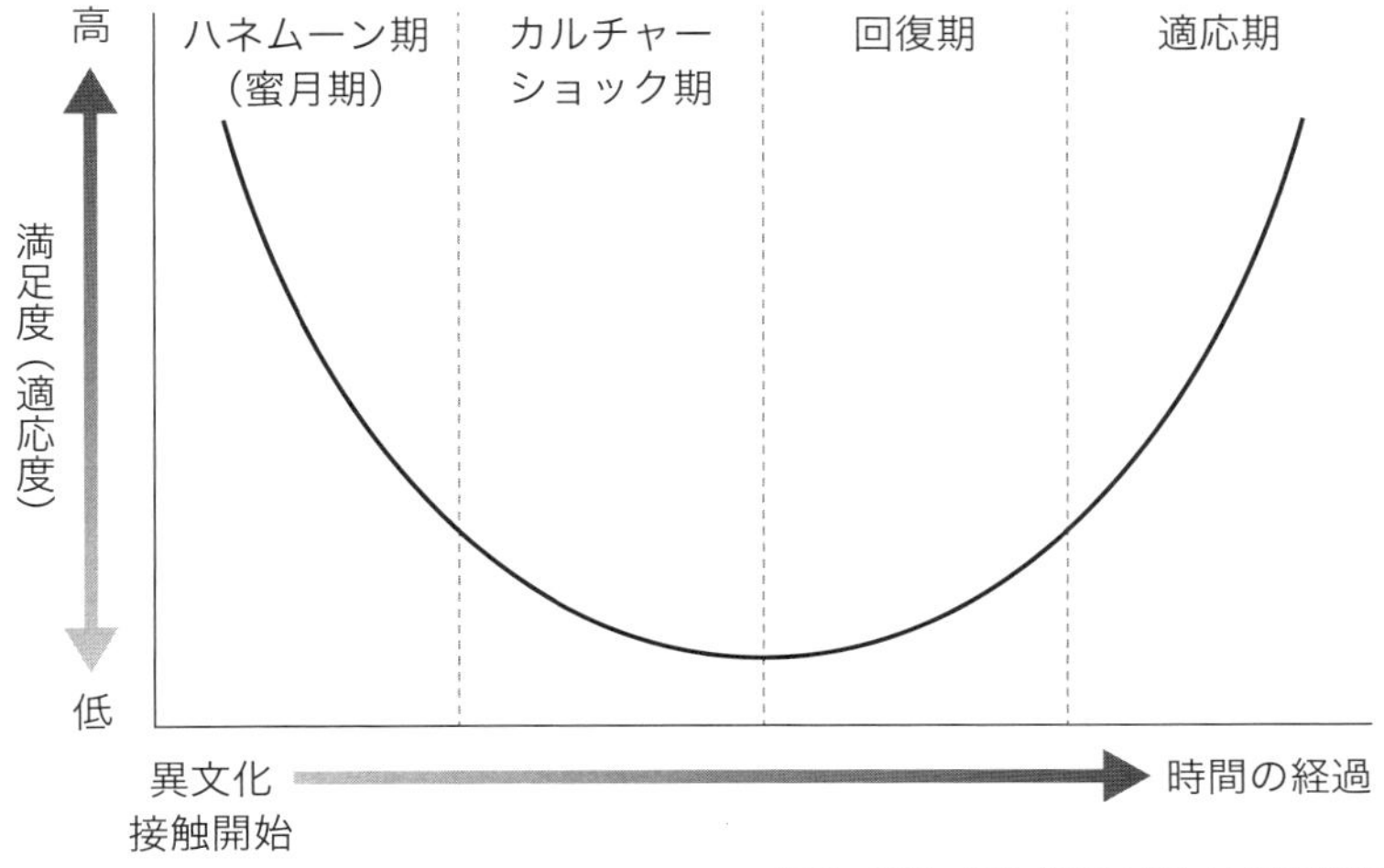

出所：髙濱・田中（印刷中※）より筆者作成
※髙濱・田中による共著で発行予定の本

ショックには以下のような特徴的な症状があります。

- 気分の落ち込みや絶望感
- 無力感や怒りっぽくなる
- 他者への寛容性の欠如
- アイデンティティーの喪失感
- 常に緊張状態にある
- 異文化の生活習慣や価値観との違和感
- 身体的な不調（頭痛、不眠、食欲不振など）
- 落ち着きがなくなる
- ネガティブな思考に捉われる
- 孤独感、疎外感の増大

実際、タイプ1に該当する方々からも、「気分の落ち込みや絶望感」「常に緊張状態にある」「異文化の生活習慣や価値観との違和感」「落ち着きがなくなる」「ネガティブな思考に捉われる」「孤独感、疎外感の増大」といったカルチャーショックらしき症状が報告されています。

第2章で示した7つの症状のうち①②③は、未知の文化に放り込まれた人がその不安を解消しようとして取っている行動とも言えます。人生100年時代という新しい文化に接触して間もない段階では、異文化に対する戸惑いから、気分の落ち込みや無力感、アイデンティティーの喪失などのカルチャーショック症状に見舞われるのです。

異文化適応モデル２：適応には６つの発達段階がある（ベネット）

ミルトン・ベネットの異文化感受性発達モデル（Developmental Model of Intercultural Sensitivity：ＤＭＩＳ）は、個人が異文化との遭遇を通じて経験する感受性の変化を説明する理論モデルです（山本他, 2022）。このモデルは、異文化に対する認識と反応の６つの局面から構成されており、個人が異文化をどのように理解し、受け入れ、尊重し、価値を見いだし、適応していくかを示しています。

ＤＭＩＳの６つの局面は「否認」から「統合」に向かって異文化に対する認識が深まるにつれ、より複雑で成熟した対応へと変化していきます。

DMISの6つの局面

1．否認（Denial）：文化的違いを認識できない状態

異文化に対する認識が非常に限られており、他文化の存在をほとんど認識しないか、または非常に単純化した見方をする段階です。異文化との接触を避け、自文化（つまり、自分が属する単数または複数の文化）の中だけで生活しようとします。

2．防衛（Defense）：自文化中心主義で異文化を脅威と見なす状態

自文化を他文化（自文化以外の文化）よりも優れていると見なし、異文化を脅威と捉えて防衛的になる段階です。他文化に対するステレオタイプや偏見が強く、文化間の違いを否定的に評価します。

3．最小化（Minimization）：文化の違いを見ないまま、脅威を感じないレベルで表面的な違いを受け入れる状態

自文化と他文化の違いを過小評価し、全人類が共有する基本的な価値や信念に焦点を当てる段階です。この段階では、表面的な文化的違いを超えた普遍的な人間性を強調しますが、深い文化的違いの理解には至りません。

４．受容（Acceptance）：文化的視点の違いを認め、寛容になれる状態

文化間の違いを認識し、受け入れることができる段階です。他文化を等価のものとして見ることができ、異文化を深く理解しようとする姿勢が見られます。

５．適応（Adaptation）：複数の文化に応じた行動ができる状態

異文化間でのコミュニケーションを改善するために、自分の行動や視点を調整できる段階です。異文化の視点から物事を見る能力（視点転換）が発達し、異文化間での効果的なコミュニケーションが可能になります。

６．統合（Integration）：文化を超越した第三の視点を持てる。複数の文化を共存・内在化させることができる状態

異文化間の違いを自己のアイデンティティーの一部として統合し、複数の文化的視点を持ち合わせる段階です。異文化との境界が流動的になり、自らの文化的アイデンティティーが拡張されます。文化を超越した第三の視点を持ち、複数の文化を共存・内在化させることができます。

初めは新しい文化を見過ごしたり（否認）、違いを受け入れられずに拒絶したり（防衛）、あるいは「曖昧化」（山本他, 2022, p284）※したりする（最小化）のですが、しかし次第に違いを受け入れられるようになり（受容）、複数の文化に順応した行動が取れるようになります（適応）。最終的にはハイブリッドなアイデンティティーが確立される（統合）というわけです。複数の文化を自在に行き来できるようになるというプロセスが描かれています。

※自文化と異文化との境界がぼやけてきて曖昧になることを指します。共通点に注目して、自文化と異文化の間につながりを見いだせるようになってくることでもあります（山本他, 2022）。

このモデルで見ますと、人生１００年時代不適応シンドロームのタイプ1の症状は、ＤＭＩＳの「防衛」、タイプ2はＤＭＩＳの「最小化」に当てはまるものと考えられます。つまり自分の価値観を守ろうとしたり（防衛）、新しい環境を曖昧化したりする（最小化）ための行動だと言えるでしょう。

異文化適応モデル３：適応には４つの戦略がある（ベリー）

ベリーは、**図表5-5**に示す異文化適応の過程で４つの異なる戦略が採用されると指摘しています（Berry, 2004）※。

図表5-5 異文化適応の４つの戦略

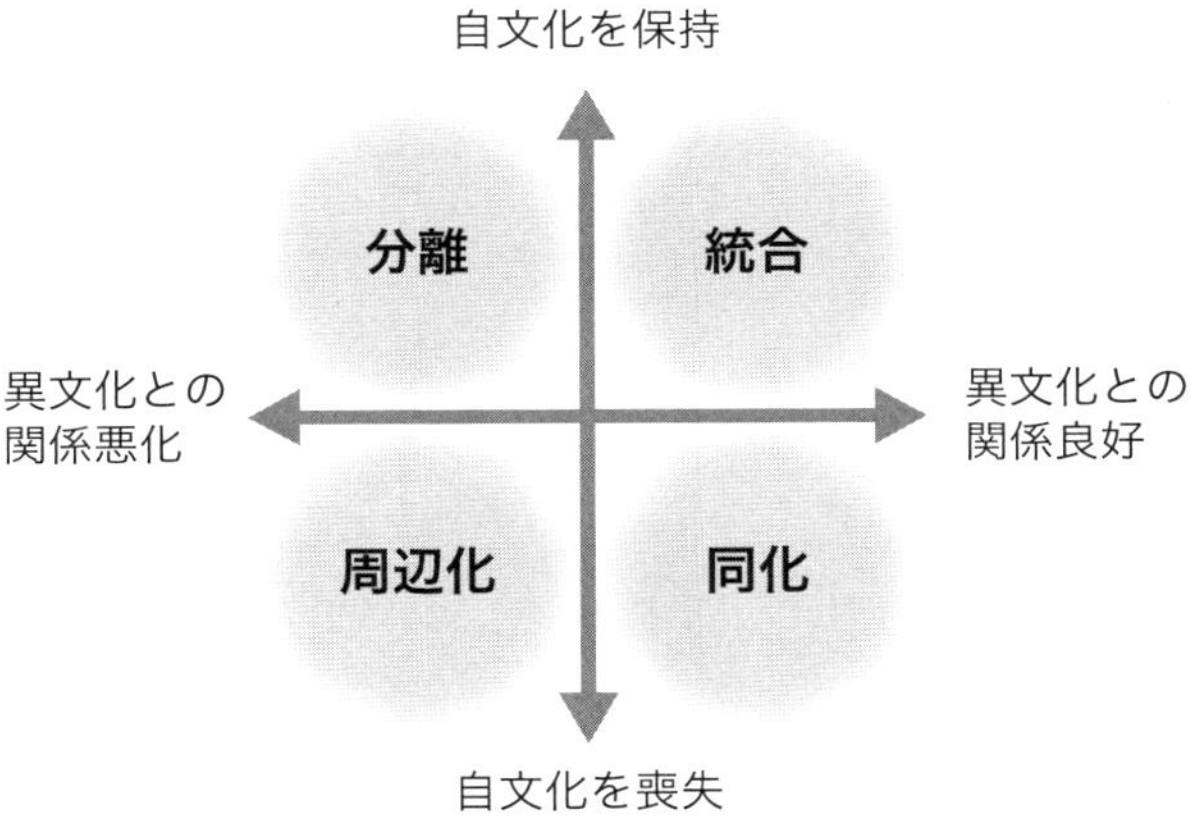

戦略名	概要
統合（Integration）	両文化を受容し、統合する
同化（Assimilation）	自文化を捨て、異文化に同化する
分離（Separation）	自文化を維持し、異文化と分離する（異文化を拒絶する）
周辺化（または境界化）（Marginalization）	どちらの文化からも疎外されて孤立し、アイデンティティーを喪失する

出所：江淵, 2002, p112より筆者作成

※ベリーのモデルには、異文化に参入する側のモデルと、その参入者を受け入れる側の2つのモデルがあります。本書では、人生100年時代への適応を考えるため、参入する側のモデルを示しています。また、この4つの戦略を文化変容（acculturation）のモデルと呼びます（異文化間教育学会, 2022）。

4つの戦略の中で注目してほしいのは「同化」です。「同化」は異文化との関係が良好である半面、自分の文化的アイデンティティーを捨て去ってしまう危険があり、人生100年時代不適応シンドロームのタイプ3に当てはまるだろうと思われます。「分離」は、初期症状の防御的態度（タイプ1）に相当するものと考えられます。

理想は「統合」の状態に至ることであり、両方の文化を受け入れ、柔軟に対応できるようになることでしょう。しかしながら現実には「同化」に陥り、自分自身を見失ってしまう例も少なくありません。

異文化適応モデル4：新時代への適応は移民の適応と類似している（キム）

キムは、移民が異文化に適応するプロセスを研究しました（Kim, 2004）。例えば、米国在住の韓国からの移民を対象に長期間にわたって調査を行いました。調査の結果、移民の多くは移住して間もない時期にはストレスを受けますが、時間の経過とともに心理的適応が向上していくと指摘しています。

本書のテーマである人生１００年時代という新しい時代への適応は、移民が異文化に適応するプロセスと類似していると考えられます。つまり、超長寿社会への移行という新しい環境変化に直面した人々は、「移民（移住者）」となり、あたかも「異国の地」での適応を迫られているに等しいのです。しかもその移住は自発的なものではなく、受動的に押しつけられた形のものなのです。

移民の方々の多くは自らの意志で新しい文化に渡ったのではないかと考えられますが、人生１００年時代のさなかにいる私たちは望んでいる・いないに関わらず環境がガラッと変わってしまったのです。この受け身の姿勢が、ひょっとすると移民よりも適応を一層難しくしている面があるのかもしれません。こうした自発性の少ない（または無い）適応は、強いストレスを伴います。なぜなら、異文化適応が自分自身の意志ではなく、社会の変化に追い付くために余儀なくされるものだからです。

その意味で、人生１００年時代への適応は、本来の故郷（ふるさと）であるこれまでの価値観から強制的に離れざるを得ず、新しい価値観に適応しなければならない移民のような立場に例えられるのです。

このようにキムの移民研究を人生１００年時代不適応シンドロームに当てはめてみますと、私たちは人生１００年時代という新環境に本人の意志とは関係なく置かれた「移民」にも似た立場になると解することができます。私たちは適応のプロセスという階段を上る途中で様々な経験をして戸惑いながら、それぞれの形で不適応を起こしているのだと言えるでしょう。

異文化適応モデル５：適応は困難を伴うが成長できる（アドラー、キムなど）

異文化適応には多くの困難と心理的苦痛が伴いますが、その過程を通して人間的に成長することができるとアドラーとキムは指摘しています。アドラーは、カルチャーショックは避けるのではなく、むしろ克服することで成長できると指摘し、その成長の過程を次の５つの段階に分けています。

アドラーによる異文化適応の５つの段階※

※出所：八代他, 2009, pp274-275より筆者作成

１．異文化との接触

従来通りの行動パターンを維持する。自文化によって異文化から隔離され、異文化を自文化の視点から見て刺激を受けたり興奮したりする。

2. 自己崩壊

行動・考え方・価値観の違いが目につくようになり、それが頭から離れなくなってしまう。どう行動していいか分からず、抑うつ的になったり自信をなくしたりする。

3. 自己再統合

異文化のすべてを拒絶し、独断的・排他的になり、怒りやフラストレーションを感じる。

4. 自律

文化の共通点と相違点を受け入れることができ、リラックスできたり自信を持って行動できたりするようになる。

5. 独立

自文化と異文化の共通点・相違点をプラスとして捉え、状況に応じて自分の気持ちに忠実な行動を選択できるようになる。

異文化に触れる「接触」の段階では、不安やストレスから防御的な態度をとりがちだと説明しています。これはタイプ1の方に当てはまります。しかし接触を続けることで、徐々に適応が進み、成熟した「独立」の段階に移行できるとも述べています（Adler, 1975）。

キムも同様に、異文化への適応は平坦なプロセスではなく、ストレスと挑戦が伴うものの、その乗り越え方次第で成長の機会ともなり得るとしています。**図表5-6**のように、適応は行きつ戻りつを繰り返すらせん状のプロセスであることを提唱しています。異文化においては自分がそれまでに維持してきた安定性が失われてしまうので、当初はバランス感覚を取り戻そうとして努

図表5-6　キムの「ストレス―適応―成長曲線」モデル

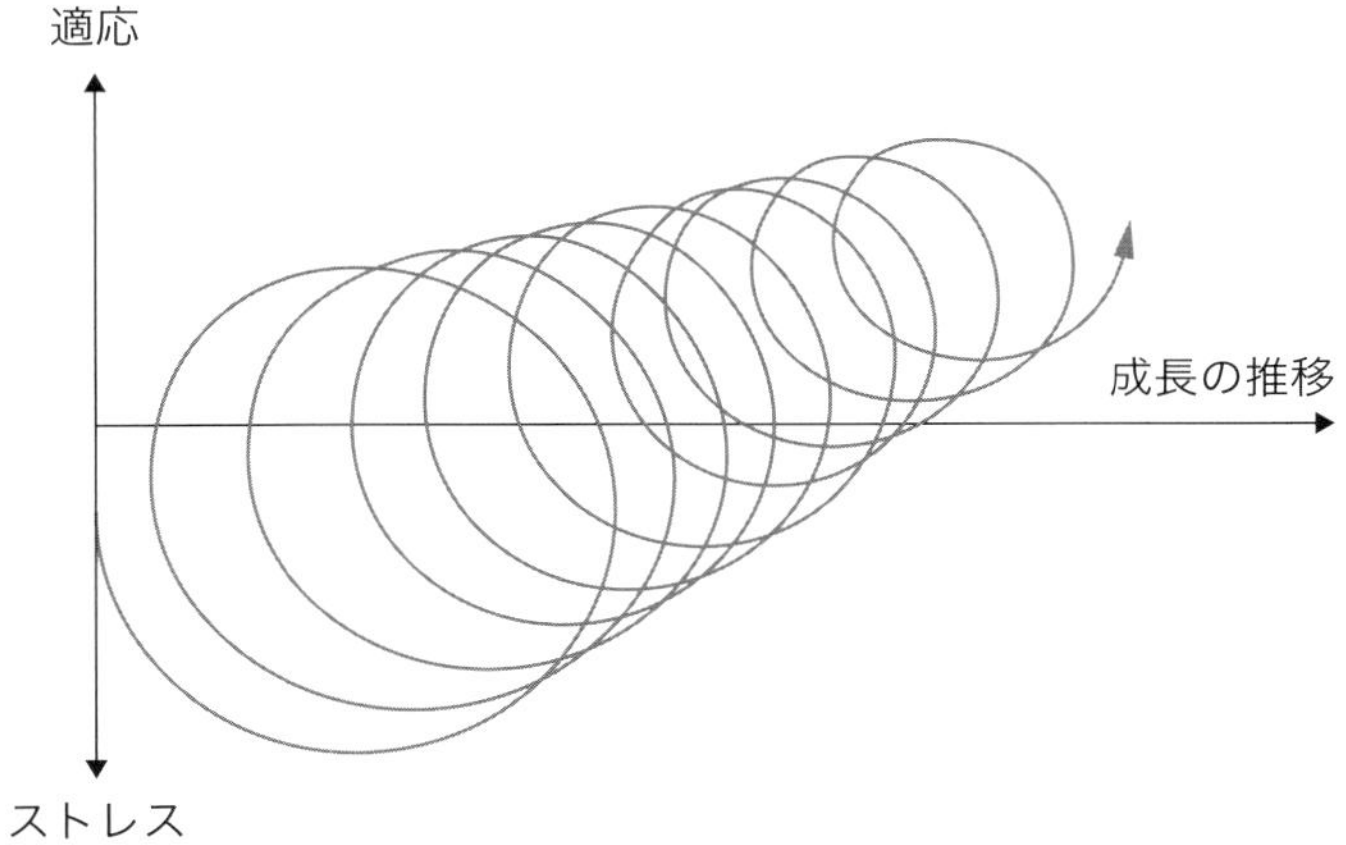

出所：Kim（2004, p343）がKim（2001）より作成した図を基に筆者作成

力します。その後適応は進むものの、ストレスと適応の葛藤はとどまることはなく、少しずつらせん階段を上るように成長の方向へ進んでいくのです（石井・久米，2013）。

人生１００年時代不適応シンドロームにおいても、新しい文化への移行に戸惑いながらも、最終的にはその環境にうまく適応できれば、人間的に大きく成長できるかもしれません。ただ、症状の表れ方を見れば明らかなように、適応の道のりは決して平坦なものではないのです。

モデルのまとめ

ここまで、５つの異文化適応モデルや理論を概観してきました。要点をまとめると次のようになります。

- 適応は一直線のプロセスではなく、曲線的で波がある。
- カルチャーショックは誰にでも起こり得る正常な反応である。
- 適応の初期には「防衛」的な態度が見られやすく、次第に「受容」に向かう。
- カルチャーショックを経験し乗り越えることで、成長につながる可能性がある。

人生100年時代不適応シンドロームに見られる7つの症状は、この一連の適応過程の中で生じる正常な反応の表れなのです。誰もがカルチャーショックを受ける可能性があり、その対応の仕方で異なる症状が出てくるに過ぎません。異文化への適応は決して簡単なことではありませんが、人生において避けられないプロセスです。これらのモデルを理解し、適応の過程で生じる心理的な動きを把握すれば、うまく乗り越えられる可能性が高くなります。

〈第6章〉異文化適応の理論と実践

6-1 ソーシャルサポートと異文化適応

前章では、人生１００年時代不適応シンドロームが起きるメカニズムを説明しました。本章では、異文化にうまく適応するための理論と実践について説明します。まず、異文化適応を促進する「ソーシャルサポート」について説明した上で、異文化適応に特に重要だと考えられる基本的なコミュニケーションのスキルを取り上げます。

「ソーシャルサポート」とは、他人から提供される情報・感情・物質的な援助のことで、ストレスや困難な状況を乗り越えるのに役立ちます。情緒的サポート（共感や愛情）、情報的サポート（アドバイスや情報の提供）、道具的サポート（金銭や物資など形のあるものの提供）、評価的サポート（ポジティブな評価の提供）の４つの形態があるとされています（厚生労働省e-ヘルスネット, n.d.）。

異文化適応は一種のストレス環境であるため、この仮説ではソーシャルサポートを得ることで困難な時期を乗り越えることができるとしており、そのソーシャルサポートを獲得するためには、「ソーシャルサポートネットワーク」を作ることが適応に有利であるとしています（田中, 2000）。

「ソーシャルサポートネットワーク」とは、「心理的な援助の得られる対人的なネットワーク」（田中, 2000, p9）のことです。つまり、個人を取り巻く人間関係の中で、精神的・物質的な支援を提供してくれる人々とのつながりを指します。このネットワークは、ストレスに対処したり心の健康を維持したりするために大きな影響を与えることが知られています。特に、人生１００年時代においては、長期にわたって健康的で充実した生活を送るために、適切なソーシャルサポートネットワークを構築・維持していくことが重要となります。

異文化においてソーシャルサポートネットワークを作るには、「ソーシャルスキル」を理解して実践することが必要となります。「ソーシャルスキル」とは、「誤解のない相互理解を築き、相手から好意的な反応を引き出し、不快な反応を避け、建設的な対人関係を築くためのコミュニケーションの技術」（田中, 2000, p18）を指します。つまり、適切なコミュニケーションのスキルがあることが、ソーシャルサポートネットワークの形成に役立つということです。

このように、ソーシャルスキルを理解して使用することでソーシャルサポートネットワークを形成・維持・発展させることができ、そこからソーシャルサポートを獲得できることが異文化適応につながるのです（**図表6-1**）。

ソーシャルサポートネットワークの3つのパターン

異文化適応を促進するソーシャルサポートの供給源となるソーシャルサポートネットワークについては、これまでの私たちの研究から、異文化において次の3つのパターンがあることが示されています（高濱他, 2009）※（**図表6-2**）。

※シングルチャネル型・カスタムサポート型・ミニマルサポート型の3つの名称は学術的なものではなく、読者のみなさまに分かりやすいように私が創作したものです。オリジナルの文献では、集約型・課題特定型・希薄型と表記されています。なお、ソーシャルサポートネットワークのパターンとしては、高齢者を対象とした研究で、これら3つとは別に階層的補完型があることが指摘されています（高濱他, 2009）。この型は、サポートの供給源が一極集中しておりシングルチャネル型と類似した特徴が見られます。ただし、主なサポートの供給源（いわばピラミッドの頂点）が同居する家族となっており、そこからサポートを得られない場合に別の者にサポートを求めるといった階層的なアプローチをとる点でシングルチャネル型とは異なります。そのため異文化適応というテーマに即して本書では、階層的補完型ではなくシングルチャネル型を紹介しています。

シングルチャネル型（集約型）
- 特定の人物（例：配偶者、パートナー）に強く依存する傾向がある。
- 問題解決の際、まず特定の人物に相談して解決しようとする。

図表6-1　ソーシャルスキル、ソーシャルサポートネットワーク、ソーシャルサポートと異文化適応の関係（ソーシャルサポートネットワークの異文化適応促進仮説）

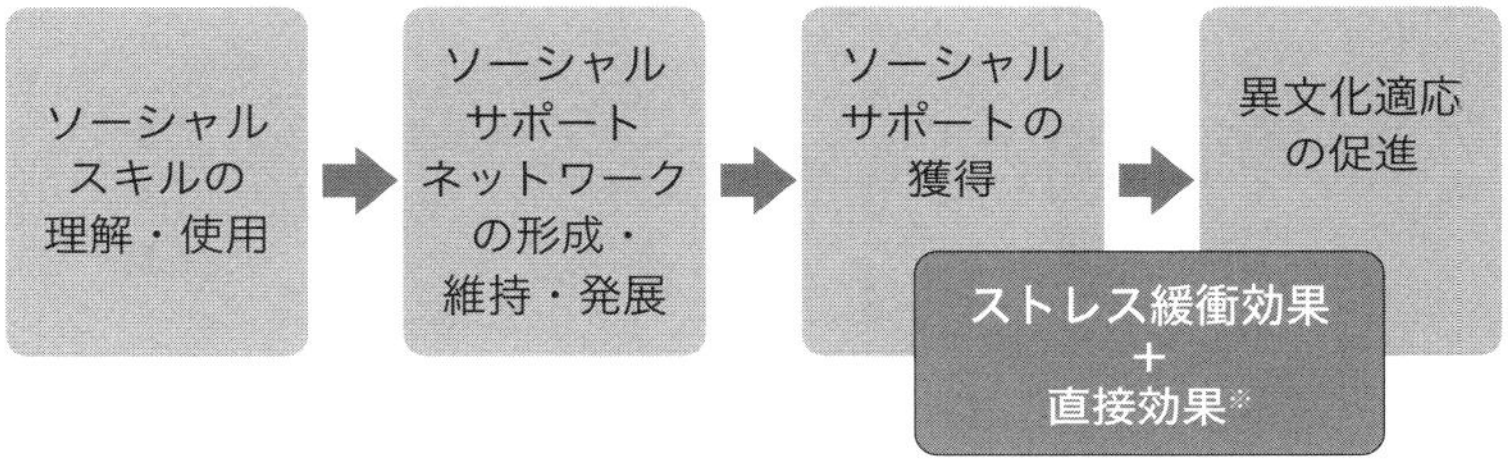

※直接効果とはストレスの有無にかかわらずに存在する効果で、周囲の人と愛着関係があると、傷ついた心を癒したり新しい探索を促したりする働きがあり有益と考えられています（一般社団法人日本健康心理学会, 2019）。

出所：Takahama et al., 2008, p70より筆者作成

図表6-2　異文化におけるソーシャルサポートネットワークの３つのパターン

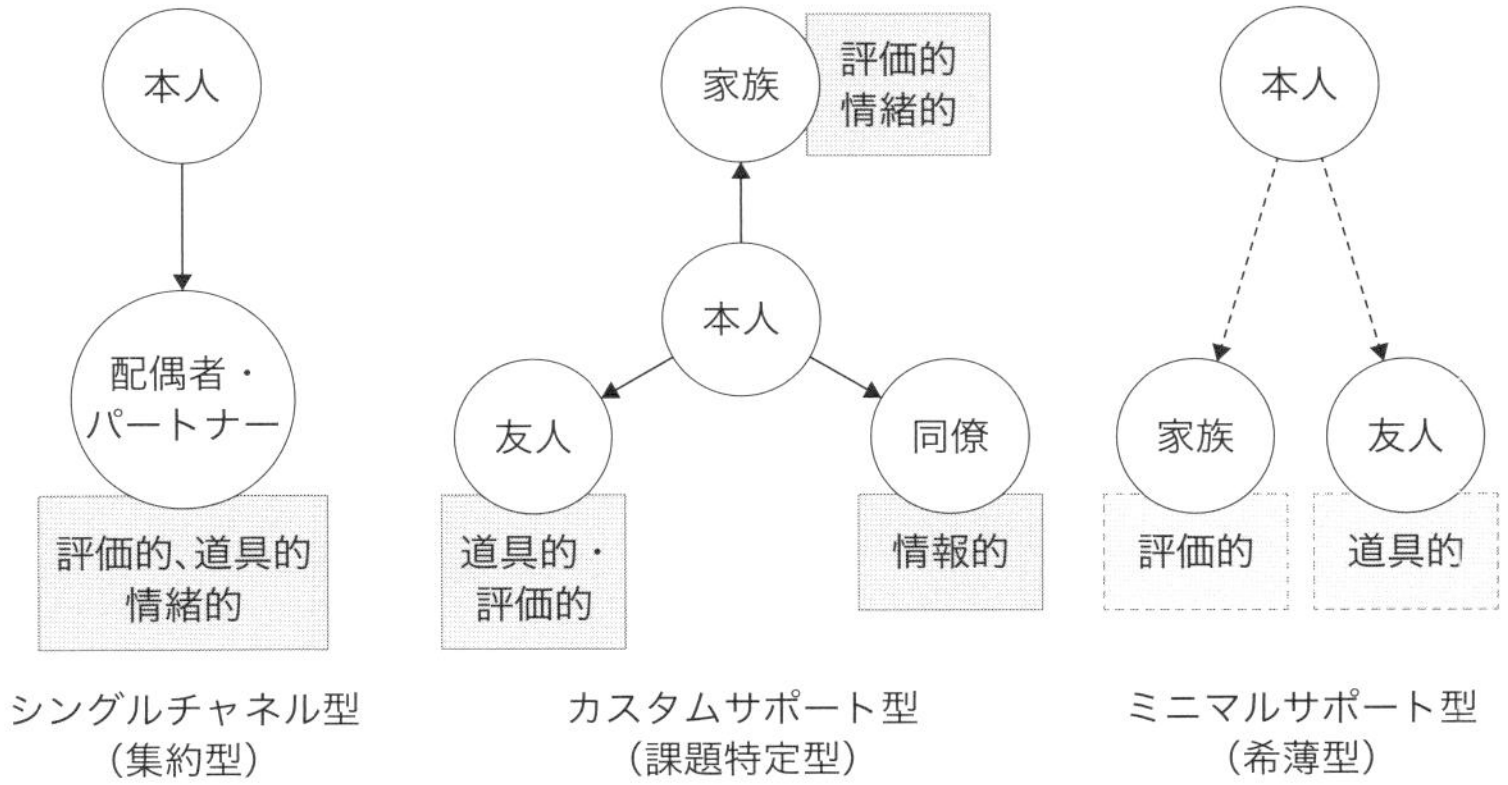

出所：髙濱他, 2009, p74より筆者作成

- ソーシャルサポートネットワークの規模は比較的小さいが、濃密な関係性を持つ。

カスタムサポート型（課題特定型）

- 状況や問題の性質に応じて、適切なサポート源を選択する。
- 多様な人間関係を持ち、それぞれの関係性に応じた支援を求める。
- ソーシャルサポートネットワークの規模は中程度で、多様性がある。

ミニマルサポート型（希薄型）

- 他者への依存度が低く、自分で（1人で）解決することを好む傾向がある。
- ソーシャルサポートネットワークが小規模または存在しない。
- 新しい人間関係を構築することに消極的な場合がある。

人によって求めるソーシャルサポートネットワークのパターンは異なります。例えば、ミニマルサポート型の人がカスタムサポート型の人のように多様な人と知り合いになり、それを維持・発展させていくように変えるには困難を伴います。もし変えることができたとしても、長期的には維持できない可能性があります。

そのため、まず自分に合ったソーシャルサポートネットワークのパターンを知ることから始め、そのパターンに合った形でネットワークを形成・維持・発展させ、そこからソーシャルサポートを得て、異文化適応を促進させていくことが適切です。第8章にて、みなさんが3つのパターンのどれに当てはまるかを知るための診断テストを用意しています。このテストに取り組むことで、自分にとって最適なネットワーキング戦略を見つけるための手掛かりを得ることができます。

6-2 異文化適応を促進する2つのコミュニケーション

ソーシャルサポートネットワークを作ったり発展させたりするために必要なのが「コミュニケーション」です。コミュニケーションの種類には、主なものとして、自己内（個人内）、対人、小集団、組織、異文化、マスコミュニケーションなどが挙げられます※1。これらはそれぞれ重要な役割を果たしていますが、本書では特に、異文化適応に関係の深い「自己内コミュニケーション※2」（intrapersonal communication）と「対人コミュニケーション」（interpersonal communication）に焦点を当てます。

※1 これらは、コミュニケーションに参加する人数（コミュニケーションのレベル）によって分けられています。例えば、小集団コミュニケーションは3〜9人程度の人数の集団によるものとされることが多く、クラブ活動・家族・委員会などが該当します（石井・久米, 2013）。

※2 当該学会などでは「個人内コミュニケーション」と呼ばれることが多いのですが、本書では分かりやすくするために「自己内コミュニケーション」と書いています。また、自己内コミュニケーションをコミュニケーション学の対象とすべきかどうかについては様々な議論がありますが、近年ではコミュニケーションに含める考え方が採用される傾向にあります（石井・久米, 2013）。

自己内コミュニケーション

自己内コミュニケーションとは自分と対話することであり、それにより、自分の感情や思考を理解・整理し、新しい視点を獲得して変化に対する柔軟性を養うことができます。それは単なる自己分析にとどまらず、自分自身と環境、すなわち異文化との相互作用を理解し、自分の行動や思考のパターンを意識的に調整していくプロセスです。例えば、新しい状況に直面したときの不安や恐れを認識することで、感情を生み出す根底にあるものを探り、より建設的な対応方法を見いだすことができます。

自己内コミュニケーションには、次のようなメリットがあります。

自己内コミュニケーションのメリット

1. 自己理解
自分の思考、感情、行動のパターンをより深く理解できます。

2. バランス
仕事・家庭・趣味など、人生における様々な側面のバランスを取れるようになります。

3. 柔軟性
変化に適応し、必要に応じて進路や戦略を柔軟に修正する能力が育ちます。

4. 長期的な視点
目の前の課題だけでなく、人生全体を見据えて考えることができます。

5. 継続性
バーンアウト（燃え尽き症候群）を避け、高いパフォーマンスを長期間にわたって維持できるようになります。

また、自己との対話は、自分の価値観や目標を明確にする上でも重要です。人生100年時代においては、「はじめに」で述べたように従来の「教育、仕事、引退」という直線的でシンプルなライフコースが崩れ、より複雑で多様なキャリアパスが一般的になります※。このような状況で、自分が本当に大切にしたいものは何か、どのような人生を送りたいのかを常に問い直し、再定義していく必要があります。

※キャリアの研究者である田中（2019）も、人生100年時代において私たちに必要とされるのは、自分のキャリアを組織に委ねるのではなく自分自身でデザインしていくことだという観点から、「プロティアン・キャリア（変幻自在に形成するキャリア）」（田中, 2019, p10）を推奨しています。

さらに、自己内コミュニケーションによって、他者とのコミュニケーションの質も向上させることができます。自己理解が深まることで、他者の視点や感情をより良く理解し、共感する能力が高まるのです。他者理解は自己理解から始まる、ということです。これは人生100年時代において、多様な背景を持つ人々と共に働いたり学んだりしていく際に大きな強みとなります。

対人コミュニケーション

対人コミュニケーションとは、少なくとも2人の人間の間で言語・非言語を用いて行われるコミュニケーションを指します（石井・久米, 2013）。他者との相互作用を通じて行われ、人間関係の構築や維持、ソーシャルサポートの獲得に不可欠です。対人コミュニケーションでは、相手の話をしっかりと聴く「アクティブ・リスニング」のスキル、自分の考えや気持ちを適切に表現する「自己表現」のスキルなどが重要な役割を果たします。

対人コミュニケーションには、次のようなメリットがあります。

対人コミュニケーションのメリット

1．社会性の向上

他者と適切に関わる能力を育むことで、社会生活をより円滑に送ることができます。

2．ソーシャルサポートネットワークの構築

良好な人間関係を築くことで、困難な時に助けを求められる人々のネットワークを作ったり発展させたりしていくことができます。

3. 視野の拡大

他者との対話を通じて、自分とは異なる考え方や経験に触れ、視野を広げることができます。

4. 協調性の向上

他者と協力して目標を達成する能力を養うことができます。

5. 表現力の向上

自分の考えや感情を適切に表現する力を磨くことができます。

注目する理由

自己内コミュニケーションと対人コミュニケーションに注目する理由は、次の通りです。

自己内コミュニケーションと対人コミュニケーションに注目する理由

1. 取り組みやすさ

自己内コミュニケーションは1人でも実践可能であり、対人コミュニケーションも2人いれば始められます。これにより、読者のみなさんが置かれている状況に関わらず、すぐに取り組み始めることができます。

2. 続けやすさ

日常生活の中で繰り返し実践できるため、効果を持続させることが期待できます。

3. 基礎的コミュニケーション力の強化

これらのコミュニケーションスキルは、他の形態のコミュニケーションの基礎となります。これらを強化することで、小集団や組織、さらには異文化コミュニケーション能力の向上や異文化適応の促進にもつながります。

4. 効果の実感のしやすさ

自己内コミュニケーションを改善することは、すぐに心理的な安定や自己理解の深化につながります。また、対人コミュニケーションを向上させることは、日々の人間関係の質を高め、生活の質の向上に直結します。

自己内コミュニケーションと対人コミュニケーションのスキルを磨くことで、人生１００年時代の不適応症状を緩和し、新たな環境に柔軟に適応する力を養うことができるのです。

例えば、自己内コミュニケーション力を磨くことで、長寿化に伴う不安や戸惑いに対して、より建設的に対処する力を育みます。また、対人コミュニケーションを改善することで、世代を超えた交流や新しいコミュニティーへの参加がスムーズになり、社会とのつながりを維持・拡大させていくことに役立ちます。

これらを組み合わせて、自己内コミュニケーションによって自己理解を深め心の安定を図りつつ、対人コミュニケーションによって豊かな人間関係を構築して社会との調和を図ることが、この長い人生を充実させるカギとなります。

〈第7章〉 人生１００年時代に適応するワーク

7-1 タイプ１「守るぞ！ゴールキーパータイプ」向けワーク

本章では、人生１００年時代不適応シンドロームを想定し、前章で示した「自己内コミュニケーション」を実践するワークを紹介します。それぞれのワークは症状やタイプに潜むリスクを軽減し、より効果的に人生１００年時代に適応するための手助けとなるように設計されています。重要なのは、ワークを機械的にこなすことではなく、自分自身と対話し、新たな気づきや洞察を得ることです。なお、各ワーク内の時間配分はあくまでも目安です。適宜調整を加えながら取り組んでください。

まずはタイプ１「守るぞ！ゴールキーパータイプ」向けのワークです。全部で４つありますので、順に説明します（**図表7-1**）。

図表7-1　タイプ１「守るぞ！ゴールキーパータイプ」向けのワーク

番号	ワーク名	対象となる「人生１００年時代不適応シンドローム」の症状
ワーク１	デジタルデトックス（プチバージョン）	①情報過多疲労症
ワーク２	不安を減らすマインドフルネス	②老後資金不安症
ワーク３	理想の自分（なりたい自分）をイメージする	③社会的孤立症
ワーク４	人生１００年の「経験者」から学ぶ	①情報過多疲労症、②老後資金不安症、③社会的孤立症

出所：筆者

【ワーク1】デジタルデトックス（プチバージョン）

特に効果的な人

①情報過多疲労症／タイプ１「守るぞ！ゴールキーパータイプ」

目的

デジタル機器への依存度を下げ、内省の時間を増やす。

内容

週に１日、「アナログの日（アナログデー）」または「アナログの時間（アナログタイム）」を設定する。この日または時間には、スマートフォン、パソコン、テレビなどのデジタル機器の使用を極力控える。代わりに、自然の多い場所で過ごしたり、読書をしたり、瞑想をしたりして過ごす。

解説

デジタル技術の急速な進歩は、人生１００年時代の大きな特徴の１つです。しかし、デジタル機器と常に接続されている状態は、ストレスや不安を引き起こす原因にもなります。そこで有効なワークが「デジタルデトックス」です。デトックスとは解毒の意味であり、テクノロジーから一時的に距離を置き、自分自身と向き合う時間をつくるための有効な方法です（米田, 2014）※。

※ 米田（2014）のように、キャンプなどで非日常に身を置くという形式の本格的なデジタルデトックスもあります。本書では、地理的な移動・金銭的な負担・時間的な制約が少ないことからより手軽に取り組める方法として「アナログの日（アナログデー）」と「アナログの時間（アナログタイム）」を提案しています。

「デジタルデトックス（プチバージョン）」は、日常生活に大きな支障をきたすことなく、デジタル機器への依存度を下げ、自分自身とコミュニケーションする（内省する）時間を増やすことを目的としています。また、このワークは、私たちの日常生活に深く浸透しているデジタル機器との関係を見直す良い機会にもなります。準備の段階から実施、そして振り返りまでの一連のプロセスを通じて、自分自身や周囲の環境との向き合い方に改めて気づくことができるでしょう。

ワークの1つである「振り返り」は特に重要です。「振り返りワークシート」を活用することで、体験から得られた学びを整理し、今後の生活に生かすヒントを見いだすことができます。デジタル機器に頼り過ぎていたことや、デジタル機器の便利さを再認識する機会にもなるかもしれません。

このワークを継続的に実施することで、デジタルとアナログのバランスの取れた生活スタイルを徐々に確立していくことができるでしょう。また、単にデジタル機器を使わないということではなく、自分自身や周囲との関係性を見つめ直し、より豊かな生活を送るためのきっかけをつくることができます。振り返りを通じて得られた気づきを、日々の生活に少しずつ取り入れていくことで、長期的な変化につなげられるのです。最初は週1回の短時間（アナログタイム）から始め、徐々に頻度や時間を増やしていくことで、無理なくデジタルデトックスを習慣化できます。

手順

1. 準備

- スケジュール帳やカレンダーを確認し、1週間のうちでデジタルデトックスを実施しやすい日（アナログデー）または時間（アナログタイム）を選択する
- 選んだ日の予定を確認し、デジタル機器を使わずに過ごせるよう調整する
- 家族や同僚に事前に伝えて、協力を求める
- 緊急時の連絡方法を決めておく（例：固定電話の使用）

2. デジタルデトックス当日の朝（または「アナログタイム」開始前）

- 目覚まし時計を使用し、スマートフォンの電源を切るか、別の部屋に置く
- パソコンやタブレットなどのデジタル機器の電源を切る
- テレビやラジオなどの電子機器もオフにする

3. デジタルデトックス中の過ごし方（以下のaからeの中からリラックス・リフレッシュできると思うものを1つ以上選択して体験する。複数を組み合わせてもよい（例：静かな公園で本を読む））

a 自然の中で過ごす

- 近くの公園や緑の多い場所、海岸などに出掛ける
- 散歩やハイキング、ピクニックなどを楽しむ
- 自然の音や景色に意識を向け、五感を使って味わう

b 読書を楽しむ

- 紙の本や雑誌を用意し、ゆっくりと読書する時間をとる
- 図書館に行き、新しい本との出合いを楽しむ

c 瞑想や内省の時間をとる

- 静かな場所で瞑想や深呼吸を行う
- 自分の思考や感情に向き合い、内省の時間を持つ

d　対面でのコミュニケーションを楽しむ
- 家族や友人と直接会って会話を楽しむ
- カフェや公園でゆっくりと語り合う

e　クリエーティブな活動をする
- スケッチや絵画、手芸など、手を使った創作活動を行う
- 日記や手紙を書くなど、アナログな方法で表現する

4. デジタルデトックス終了後
- 「振り返りワークシート」（図表7-2）を記入する（体験を振り返り、気づきや感想を手帳やノート、日記などに記録する）
- デジタル機器の使用を徐々に再開する（一気に再開して負担にならないように注意する）。協力してくれた家族・同僚にも、再開したことと感謝の気持ちを伝える
- デジタルデトックスで得た気づきを日常生活に取り入れる方法を考える

5. 継続と改善
- 定期的にデジタルデトックスを実施し、習慣化を目指す
- 毎回の体験を振り返り、より効果的な方法を探る

図表7-2　ワーク１の振り返りワークシート

ワーク１「デジタルデトックス（プチバージョン）」の振り返りワークシート

日付：　　年　　月　　日

1．今回のデジタルデトックスで実施したこと（具体的に記入してください）

- 自然の中で過ごした（場所：　　　　　活動：　　　　　）
- 読書を楽しんだ（本のタイトル：　　　　　）
- 瞑想や内省の時間を持った（方法：　　　　　時間：　　　　　）
- 対面でのコミュニケーションを楽しんだ（誰と：　　　　　場所：　　　　　）
- クリエーティブな活動を行った（活動内容：　　　　　）
- その他（　　　　　）

2．デジタル機器がない（または少ない）生活で感じた変化（該当するものすべてにチェック）

- 時間の使い方が変わった
- 周囲の環境をより意識するようになった
- 人とのコミュニケーションが深まった
- 集中力がアップした
- ストレスが減った
- その他（　　　　　）

3．最も印象に残った体験や気づき

（　　　　　）

4．デジタル機器がなくて（または少なくて）不便だったこと

（　　　　　）

5．この体験を通じて、今後のデジタル機器との付き合い方をどのように変えたいですか？

（　　　　　）

6．次回のデジタルデトックスでチャレンジしたいこと

（　　　　　）

7．デジタルデトックスを通じて得られた気づき

（　　　　　）

8．総合評価（５段階で評価してください）

デジタルデトックスの満足度

非常に不満　1　2　3　4　5　非常に満足

また取り組みたいと思うか

全くそう思わない　1　2　3　4　5　非常にそう思う

9．自由記述（その他の感想や気づき）

（　　　　　　　　　　　　　　　　　　　　　　　　　　　　）

出所：筆者

【ワーク2】不安を減らすマインドフルネス

特に効果的な人

②老後資金不安症／タイプ1「守るぞ！ゴールキーパータイプ」

目的

現在（今という瞬間）に集中し、不安やストレスを軽減する。

内容

毎日5分間程度、静かな場所でマインドフルネスのための活動を行う。

解説

マインドフルネスは、今この瞬間に意識を集中させる心の訓練であり、ストレスや不安の軽減に効果があることが科学的に証明されています。②老後資金不安症の方にとってマインドフルネスは過度の防衛姿勢を緩め、現在（今という瞬間）に対してより受容的な状態でいるための強力なツールとなります。続けることで、不安や心配事に対する反応が変化し、より落ち着いた状態で新しい状況に対応できるようになります。また、自分の思考や感情をより客観的に観察する能力が高まり、防衛的な反応を和らげることができるでしょう。

このワークは、日常生活の中で簡単に実践できる方法にしています※。５分から10分間程度の短い時間で実施できるため、忙しい日常の中でも無理なく取り入れることができます。

※ネフ・ガーマー（2019）を参考に筆者が作成しました。

「飲み物をゆっくりと飲む」という方法は、普段何気なく行っている行為に意識を向けることで、五感を研ぎ澄まし、今この瞬間の体験に集中する機会をつくり出します。同様に、「衣類やタオルをゆっくりと畳む」という方法は、主に触覚に意識を向け、丁寧に物事に向き合う姿勢を養います。さらに大切な人へのイメージを加えることで、作業に感謝や愛情といったポジティブな感情を込めます。

これらのワークを継続することで、日々の生活の中で「今」に意識を向ける習慣が身に付き、不安やストレスへの対処能力を向上させることが期待できます。また、「振り返りワークシート」を活用することで、自分の変化や気づきを客観的に観察し、記録することができます。

ワーク中に思考がそれても、それを自然なこととして受け入れ、優しく意識を戻す練習を重ねることで、日常生活における不安や心配事に対しても同様のアプローチができるようになります。注意がそれたりうまくできなかったりしても、決して自分を責めたりしないでください。これにより、ストレスの多い状況下でも冷静さを保ち、より適切に対応する力が養われていくでしょう。

実践と振り返りを積み重ねることで、自己理解が深まり、より豊かで落ち着いた日々を送るための基盤を築くことができます。日々の小さな気づきの積み重ねが、大きな変化につながっていくことでしょう。

手順

以下の方法1または方法2のいずれか、または両方を実践し、振り返りワークシート（**図表7-3**）を記入する。

〈方法1〉飲み物をゆっくりと飲む

1．準備

- 静かで落ち着ける場所を選ぶ
- 好きな飲み物を選ぶ（コーヒー、紅茶、お茶など）

- お気に入りのカップやグラスを用意して飲み物を注ぐ
- タイマーを5分にセットする

2. 実施手順

- 深呼吸を数回して心と身体をリラックスさせる
- 飲み物の色（濃淡・透明度など）、香り、温度に注目する
- 少量（小さな一口）を口に含む
- 舌の上での味や触感を意識する
- ゆっくりと飲み込み、喉の感覚を味わう
- 口の中に残っている余韻を感じる
- これを繰り返し、5分間程度継続する

3. 注意点

- むせてしまわないように、口に含む1回の量に注意する
- 思考がそれても、自分を責めずに優しく飲み物の方に意識を戻すようにする
- 急がず、ゆっくりと楽しむ

〈方法2〉衣類やタオル類をゆっくりと畳む

1．準備

- 静かで作業しやすい場所を選ぶ
- 手触りの良いブランケット、タオル、衣類（ストール、マフラーなど）を1枚選ぶ
- 畳むスペースを確保する
- タイマーを5分にセットする

2．実施手順

- 深呼吸を数回して心身をリラックスさせる
- 大切な人や大好きな人をイメージする
- その人にプレゼントするつもりで、心を込めて畳む作業を始める
- 布地の質感、温度、重さを意識しながらいったん広げる
- ゆっくりと丁寧に折り目をつける
- 一つひとつの動作に集中し、心を込めて畳んでいく
- 完成したら、仕上がりを確認し、満足感や達成感を味わう
- 時間が余ったら、別のアイテムで繰り返す

３．注意点

- 急がずに、一つひとつの動作を大切にする
- 思考がそれたら、優しく作業に意識を戻すようにする
- 完璧を求め過ぎず、畳んでいくプロセス自体を楽しむ

図表7-3　ワーク2の振り返りワークシート

ワーク2「不安を減らすマインドフルネス」の振り返りワークシート

日付：　　年　　月　　日

実施したワーク：□ 飲み物　□ 畳む　□ 両方

1．身体感覚の変化（該当するものにチェック）
□ リラックス □ 緊張 □ 温かさ □ 軽さ □ その他（　　　　　　　　　　　　　）

2．心の状態の変化（該当するものにチェック）
ワーク前：□ 落ち着き □ 不安 □ イライラ □ 幸せ □ 混乱
□ その他（　　　　　　　　　　　　　）
ワーク後：□ 落ち着き □ 不安 □ イライラ □ 幸せ □ 混乱
□ その他（　　　　　　　　　　　　　）

3．五感を使って気づいたこと
視覚（例：飲み物の色、布地の模様）
（　　　　　　　　　　　　　）
聴覚（例：飲み物を飲む音、布地を畳む音）
（　　　　　　　　　　　　　）
触覚（例：カップの温かさ、布地の肌触り）
（　　　　　　　　　　　　　）
味覚（飲み物ワークの場合）
（　　　　　　　　　　　　　）
嗅覚（例：飲み物の香り、布地の匂い）
（　　　　　　　　　　　　　）

4．「今」に集中できた度合い：　低い　1　2　3　4　5　高い

5．ワーク実施前と比較した実施後の心身の変化
a　心の変化（　　　　　　　　　　　　　）
b　身体の変化（　　　　　　　　　　　　　）

6．不安やストレスの軽減度：
全く変化なし　1　2　3　4　5　大いに軽減された

7．今回のワークで気づいたこと、学んだこと
（　　　　　　　　　　　　　　　　　　　　　　　　　　　　　　）

8．難しかった点や課題
（　　　　　　　　　　　　　　　　　　　　　　　　　　　　　　）

9．次回への改善点や工夫
（　　　　　　　　　　　　　　　　　　　　　　　　　　　　　　）

10．総合評価（５段階で評価してください）
ワークの満足度：
非常に不満　1　2　3　4　5　非常に満足
また取り組みたいと思うか：
全くそう思わない　1　2　3　4　5　非常にそう思う

11．自由記述（その他の感想や気づき）
（　　　　　　　　　　　　　　　　　　　　　　　　　　　　　　）

出所：筆者

【ワーク3】理想の自分（なりたい自分）をイメージする

特に効果的な人

③社会的孤立症／タイプ1「守るぞ！ゴールキーパータイプ」

目的

人生100年時代における理想の自分をイメージし、前向きな姿勢を育む。

内容

毎日5分間、人生100年時代で自分が成功し、幸せに暮らしている姿をできるだけ具体的に想像する。その際、視覚だけでなく、聴覚、触覚、嗅覚、味覚なども使って、できるだけリアルに感じるようにする※。

※ 高濱・田中（2023）より筆者が作成しました。

解説

このワークでは、望ましい未来を心の中で描いていきます。人生100年時代における理想の自分をイメージし、前向きな姿勢を育むことを目的としています。毎日5分間という短い時間で実施できるため、日常生活に無理なく取り入れることができます。

五感を使ってイメージを膨らませることで、より現実味のある未来像を描くことができます。このように具体的なイメージを持つことで、理想の自分に近づくための明確な目標や行動計画が立てやすくなり、それを現在の生活に取り入れることが容易になります。とりわけ将来自分と一緒にいる人々に思いをはせることで、その人たちと既に出会っている場合は関係性をどう維持・発展させていくかを考える機会になります。まだ出会っていない人と新しいネットワークを形成したい場合は、そのためのアクションへと展開させていくことが求められます。

「振り返りワークシート」を活用することで、イメージした内容や感じた気持ちを客観的に観察し、記録することができます。これにより、自分の変化や成長を可視化し、モチベーションを維持することができます。継続的に実践することで、理想の未来に対するビジョンがより明確になり、それに向けて具体的に行動しやすくなります。また、日々の小さな進歩や変化に気づくことができるため、自己効力感※が高まり、より積極的に人生を切り開いていく姿勢が養われるでしょう。

※　自己効力感とは、「ある結果を生み出すために必要とされる行動を自分がうまく実行することができるという確信のこと」（一般社団法人日本健康心理学会, 2019, p242）を指します。

このワークは、単なる空想や妄想ではなく、実現可能な未来をデザインするためのツールです。イメージした理想の自分から現在の自分へのメッセージを受け取ることで、今すぐに始められる小さな行動のヒントを得られます。これにより、人生の長期的な目標と日々の行動をつないで、着実に成長し続けていくことができます。

手順

1. 準備
- 静かで落ち着ける場所を選ぶ（毎日使える場所を見つけて習慣化してもよい）
- 快適な姿勢で座る（椅子やクッションなど）
- タイマーを5分にセットする
- ノートと筆記用具を用意する

2. 目を閉じ、深呼吸を数回ゆっくりと行う

3. 5年後、10年後、20年後、または自分が設定したい将来の1時点（例：2035年）の中から1つを選択し、選んだ時点（例えば10年後）の理想の自分をイメージし始める

a　その時の自分の年齢を確認する

b　自分がいる場所を想像する（家、職場、趣味の場など）

仕事の場面：

- どんな仕事をしているか
- どんな環境で働いているか
- 周りの人々との関係はどうか

家族や人間関係：

- 誰と暮らしているか
- 家族や友人とどんな時間を過ごしているか

趣味や余暇：

- どんな趣味を楽しんでいるか
- 休日をどのように過ごしているか

健康や体調：

- 身体の調子はどうか
- どんな食生活をしているか
- 運動の習慣はあるか

4. 視覚的要素をイメージする

- 自分の姿・外見（髪型、服装など）
- 周囲の環境（部屋やオフィスの様子、周りの風景など）
- 一緒にいる人々（家族、友人、同僚など）

5. 聴覚的要素を加える

- 周囲の音（会話の内容、自然の音、音楽など）
- 自分の声や一緒にいる人々の笑い声

6. 触覚的要素を感じる

- 身に付けているものの質感
- 肌で感じる温度や風の感触

7. 嗅覚的要素を想像する

- 周囲の香り（自然の香り、食べ物の匂いなど）

8. 味覚的要素を思い浮かべる（食べたり飲んだりしているものの味）

9. そのシーンでの自分の気持ちを感じる（幸福感、達成感、満足感など）
10. イメージの中で、理想の自分と短い会話をする
- 現在の自分に伝えたいアドバイスや励ましの言葉を聞く
11. タイマーが鳴るまで、このイメージをし続ける
12. タイマーが鳴ったら、ゆっくりと目を開ける
13. イメージした内容や感じた気持ちを「振り返りワークシート」（図表7-4）に書き出す

図表7-4　ワーク３の振り返りワークシート

ワーク３「理想の自分（なりたい自分）をイメージする」の振り返りワークシート

日付：　　年　　月　　日

実施時間：　　　分

1．選択した将来：５年後・10年後・20年後・（　　　）年後

2．イメージした時点における自分の姿
　a　仕事（　　　　　　　　　　　　　　　　　　　　　　　　　　）
　b　家族・人間関係（　　　　　　　　　　　　　　　　　　　　　）
　c　趣味・余暇（　　　　　　　　　　　　　　　　　　　　　　　）
　d　健康・体調（　　　　　　　　　　　　　　　　　　　　　　　）

3．五感で感じたこと
　a　視覚（　　　　　　　　　　　　　　　　　　　　　　　　　　）
　b　聴覚（　　　　　　　　　　　　　　　　　　　　　　　　　　）
　c　触覚（　　　　　　　　　　　　　　　　　　　　　　　　　　）
　d　嗅覚（　　　　　　　　　　　　　　　　　　　　　　　　　　）
　e　味覚（　　　　　　　　　　　　　　　　　　　　　　　　　　）

4．イメージ中に感じた感情
　□ 幸福感　□ 達成感　□ 満足感　□ 安心感　□ 興奮
　□ その他（　　　　　　　　　　　　　　　　　　　　　　　　　）

5．理想の自分から受け取ったメッセージやアドバイス
（　　　　　　　　　　　　　　　　　　　　　　　　　　　　　　　）

6．このイメージを実現するために、現在の自分ができそうなことや今から始められそうなこと
（　　　　　　　　　　　　　　　　　　　　　　　　　　　　　　　）

7．ワーク後の心身の変化
（　　　　　　　　　　　　　　　　　　　　　　　　　　　　　　　）

8．イメージの鮮明度：　低い　1　2　3　4　5　高い

9. ワークの難しさ：　易しい　1　2　3　4　5　難しい

10. 今回のワークで気づいたこと、学んだこと
(　　　　　　　　　　　　　　　　　　　　　　　　　　　　　　)

11. 次回のワークに向けての目標や工夫
(　　　　　　　　　　　　　　　　　　　　　　　　　　　　　　)

12. 総合評価（5段階で評価してください）
ワークの満足度：
非常に不満　1　2　3　4　5　非常に満足
また取り組みたいと思うか：
全くそう思わない　1　2　3　4　5　非常にそう思う

13. 自由記述（その他の感想や気づき）
(　　　　　　　　　　　　　　　　　　　　　　　　　　　　　　)

出所：筆者

【ワーク4】人生100年の「経験者」から学ぶ

特に効果的な人

①情報過多疲労症、②老後資金不安症、③社会的孤立症／タイプ1「守るぞ！ゴールキーパータイプ」

目的

人生100年時代への適応を促進する。

内容

人生100年時代を理解するために、実際に90歳以上の人やその家族に会ってみたり、話を聞いたりすることで、人生100年時代に段階を踏んで慣れていく※。

※高濱・田中（印刷中）から、異文化接触（海外渡航）の前に留学予定者に取り組んでもらうワークを参考に作成しました。

解説

タイプ1「守るぞ！ゴールキーパータイプ」の人々にとって、急激な変化は大きなストレスとなります。そのためこのワークでは、新しい経験や状況をより良く理解して少しずつ慣れていくことで、不安に向き合って成長していくことを目指します※。このワークを通じて、人生１００年時代という異文化に徐々に慣れることができます。

※危険性を予測して恐れている状況に向き合うことで徐々に慣れていくことを、暴露（曝露）という意味の言葉を使ってエクスポージャー療法と呼ぶことがあります（アブラモウィッツ他，2023）。ただし、人生１００年時代不適応シンドロームは一種の「カルチャーショック」として解せるものであり、病的あるいは治療が必要な状態を示すものではないと一般的には考えられますので、本書では読者の方にも取り組んでいただけるようにこの考え方を応用させ、改変した形で紹介しています。ただし、無理に取り組む必要はありませんので、もしストレスを感じることがあれば中止してください。

情報収集から始まり、実際の高齢者との交流を経て、最後に振り返りを行うというステップを踏むことで、未知の状況に対する不安を減らしながら、自信を深めていくことができます。特に、実際に90歳以上の方々と直接会って話を聞くという経験は、単なる情報収集にとどまらない価値があります。彼・彼女らの生き方や価値観、日々の生活の様子を知ることで、長寿社会に多様性や個人差があることを理解し、自分自身の将来に対するビジョンをより具体的かつ柔軟に描いていくことができるでしょう。

また、このワークを通じて、自分自身の価値観や人生におけるプライオリティ（優先順位）について深く考える機会を得ることができます。長寿社会において何を大切にし、どのような生き方を選択するのかについて、自分に合った答えを見つけていく糸口となるでしょう。

最後のワークシート（**図表7-5**）による振り返りは、この経験から得た学びを整理し、今後の行動や思考につなげるための重要なステップです。ここで整理した気づきや疑問は、さらなる学びや自己成長の出発点となり得ます。このワークシートを定期的に見直すことで、学びが定着し成長し続けることが可能になります※。

※これは個人でできるワークではありませんが、もし回答を信頼できる他者と共有することができる場合は、その方と話し合うことで、さらに深い洞察や気づきを得ることができるでしょう。

手順

1. 情報収集

a　インターネットを使ったリサーチ

- 90歳以上の人々の生活実態に関する統計データを調べる
- 高齢者の健康、生活スタイル、社会参加に関する最新の研究を探す
- 長寿の秘訣や高齢者の生きがいに関する記事を読む

b　書籍による学習

- 人生100年時代や長寿社会に関する専門書などを読む
- 90歳以上の方の自伝や回顧録を読む
- 高齢者ケアや世代間交流に関する本を読んで参考にする

c　動画・テレビの活用
- 高齢者をテーマにしたドキュメンタリーを見る
- 長寿社会を扱った映画やテレビ番組を見る
- 高齢者のインタビュー動画を見る

2. 観察と交流

以下のaからdの中から、訪問先や受け入れ先の許可が得られるものを1つ以上選んで取り組む

a　高齢者施設訪問
- 地域の老人ホームや介護施設をボランティアとして訪問する
- 施設でのイベントや活動に参加し、シニアの方々と交流する

b　家族や知人を通じた交流
- 自分の家族や親戚に90歳以上の方がいれば、積極的に話を聞く
- 友人や知人の紹介で高齢者と面会の機会をつくる

c　地域コミュニティーでの交流
- 地域の高齢者サークルやシニアクラブなどの活動に参加する
- 世代間交流イベントに参加し、高齢者と対話する機会を持つ

d　インタビューの実施

- 事前に質問リストを準備し、高齢者にインタビューを行う（ただし、長時間のインタビューは負担になることもあるので注意すること）
- 生い立ち、人生経験、価値観などについて詳しく聞く

3．情報の整理と振り返り

a　学んだことのまとめ

- 情報収集と観察・交流で得た知識や気づきをノートなどにまとめる
- 特に印象に残ったエピソードや教訓を記録する

b　自分の価値観との比較

- 高齢者の価値観や生き方と自分の考え方を比較する
- 長寿社会に対する自身の態度や感情の変化を観察する

c　将来の自分をイメージ

- 学んだことを基に、90歳から１００歳の頃の自分の生活をイメージする
- 長寿社会でどのように生きていきたいか、具体的に考える

図表7-5　ワーク４の振り返りワークシート

ワーク４「人生１００年の「経験者」から学ぶ」の振り返りワークシート

日付：　　年　　月　　日

1．今回のワークを通じて学んだ主な事実や情報を３つ挙げてください。

a ____________________

b ____________________

c ____________________

2．90歳以上の方々との交流や観察を通じて、最も印象に残ったエピソードは何ですか？

____

____

____

3．このワークを通じて、人生１００年時代に対する不安や懸念は軽減されましたか？　その理由も含めて書いてください。

____

____

____

4．学んだことを踏まえて、あなた自身の90歳から１００歳の頃の姿をどのようにイメージしますか？　具体的に描写してください。

____

____

____

5．このワークを通じて、人生１００年時代に向けてあなたが今後取り組みたいことは何ですか？　３つ挙げてください。

a ____________________

b ____________________

c ____________________

出所：筆者

7-2 タイプ2「仕掛けるぞ！攻撃的ミッドフィルダータイプ」向けワーク

タイプ2「仕掛けるぞ！攻撃的ミッドフィルダータイプ」向けのワークは3つあります（**図表7-6**）。順に説明します。

【ワーク5】リラクゼーション方法の整理と実践

特に効果的な人

④健康維持強迫症／タイプ2「仕掛けるぞ！攻撃的ミッドフィルダータイプ」

目的

ストレスを軽減させて、心身のバランスを取り戻す。

図表7-6 タイプ2「仕掛けるぞ！攻撃的ミッドフィルダータイプ」向けのワーク

番号	ワーク名	対象となる「人生１００年時代不適応シンドローム」の症状
ワーク５	リラクゼーション方法の整理と実践	④健康維持強迫症
ワーク６	マルチポテンシャル活用マップ作り	⑤自己投資迷走症
ワーク７	定期的な振り返りと目標調整のための「1人リトリート」（通称：ひとリート）	④健康維持強迫症、⑤自己投資迷走症

出所：筆者

内容

リラクゼーションを定期的に行う※。

※ 高濱・田中（印刷中）より筆者が作成しました。

解説

タイプ２「仕掛けるぞ！攻撃的ミッドフィルダータイプ」の方々は、常に新しい機会を探り、行動しようとする傾向があります。④健康維持強迫症の方は、その傾向が自分の健康に向いており、ストレスが蓄積しやすい状態にあります。そこでワークとしては、まずリラクゼーション方法を整理し、定期的に実践するようにします。そうすることで心身のバランスを取り戻し、結果的に健康を管理するという目的を達成することにつながります。

このワークによって意識的に休息の時間を設けることができるので、ストレスの蓄積を防ぎ、心身のバランスを保つことができます。定期的な実践と振り返りを通じて、ストレス耐性が向上し、長期的な視点で活動をマネジメントする能力が培われていきます。また、リラックスした状態で自分と向き合うことで、普段は気づかない心の動きや潜在的な願望に意識を向ける機会になるでしょう。

身体的にリラックスすることで精神的にも緊張が和らぐ効果が得られます。新しい挑戦と適切な休息のバランスを取ることで、持続可能な形で人生１００年時代に適応していくことができます。定期的に振り返りを行うことで、自分のニーズや効果的なリラクゼーション方法を把握し、より自分に合ったストレス管理戦略を確立していくことが重要です。

手順

1．準備

- 静かで落ち着ける場所を選ぶ
- 快適に座れる椅子を用意して、リラックスできる姿勢で座る。または床にクッションなどを敷いて座る
- Ａ４サイズの紙またはノートと、お気に入りの筆記用具を準備する
- 携帯電話はサイレントモードにするなど、集中できる環境を整える

2．リラックス・リフレッシュ方法のブレインストーミング

- 紙の上部に「私のリラックス・リフレッシュ方法」と書く
- 制限時間を5分程度設け、思いつくままにアイデアを書き出す
- 判断せずに、どんな小さなことでも書き出す

・最低でも10個以上のアイデアを出すことを目指す

〈具体例〉
・音楽鑑賞（好きなジャンルや歌手、曲名など）
・入浴（香りの良い入浴剤の使用など）
・散歩（好きな公園や自然豊かな場所など）
・読書（お気に入りの作家の名前や雑誌など）
・軽い運動（ストレッチ、ジョギング、ヨガなど）
・趣味の時間（絵画、ガーデニング、料理など）

3．アイデアの分類

a　書き出したアイデアを見直し、次の３つのカテゴリーに分類する
・これまで（過去）やっていたこと：△
・今やっていること：○
・将来やりたいこと：☆

b　各アイデアの横に該当する記号（△、○、☆）をつける（複数選択可）

4. 実践計画の立案

- 特に「将来やりたいこと（☆）」に当てはまる方法に注目する
- 各アイデアについて、「実践頻度（毎日、週1回、月1回など）」「具体的な開始日」「必要な準備や道具」を具体化する
- 実践計画を紙に書き出す
例：週1回、日曜日の午後にヨガを15分実践。来週の日曜日から開始。今週中にインターネットの通販サイトでヨガマットを購入しておく

5. 振り返りの計画

- 実践の効果を確認するための振り返り時間を月1回程度設定する
- カレンダーやスケジュール帳に振り返りの日程を記入する

6. 実践と記録

- 計画に従ってリラクゼーション方法を実践する
- 実践した後、振り返りワークシート（図表7-7）に記録をつける

7. 定期的な振り返りと調整

- 設定した振り返りの日に、ワークシートを見直す
- 効果があった方法や、続けやすいと感じた方法を確認する
- 適宜計画を調整する（新しい方法の追加、頻度の変更など）

8. 継続と習慣化

- 効果的だった方法を日常生活に取り入れる
- 少しずつリラクゼーションを習慣化していく

図表7-7　ワーク５の振り返りワークシート

ワーク５「リラクゼーション方法の整理と実践」の振り返りワークシート

日付：　　年　　月　　日

1．今回実践したリラクゼーション方法

____

____

2．効果の評価（1：全く効果なし 〜 5：非常に効果あり）

ストレス軽減度：	1	2	3	4	5
リラックス度　：	1	2	3	4	5
気分の改善度　：	1	2	3	4	5
集中力アップ度：	1	2	3	4	5

3．実践して良かった点

____

____

4．難しかった点や改善したい点

____

____

5．新たに気づいたこと

____

____

6．次回の実践に向けての調整点

____

____

7．今後リラックス・リフレッシュ方法を実践していく頻度：

□ 毎日　□ 週____回　□ 月____回　□ その他（____________）

8．総合的な感想

____

____

出所：筆者

【ワーク６】マルチポテンシャル活用マップ作り

特に効果的な人

⑤自己投資迷走症／タイプ２「仕掛けるぞ！攻撃的ミッドフィルダータイプ」

目的

自分の多様な可能性を探り、バランスの取れたキャリアをデザインする。

内容

マップを作って自分のマルチポテンシャルを探る。

解説

タイプ２「仕掛けるぞ！攻撃的ミッドフィルダータイプ」の方の多くは、バラエティーに富んだ才能や趣味を持っています。これはマルチポテンシャル（多くの潜在能力）を持っているということであり（ワプニック，2018）、人生１００年時代において大きな強みとなる可能性がありま す。しかし同時に、「何に集中すべきか」と迷ってしまう原因にもなります。マルチポテンシャルを認識して生かすことは、このタイプの人々にとって重要です※。

※ 豊かな才能を客観的に分析・整理する意味では、自分の強みを発見するためのアセスメントを受けることも効果的です。ウェブで好きな時間に取り組める形式のアセスメントとして、「クリフトンストレングス」(クリフトン・ギャラップ, 2023) がよく知られています。

このワークを通じて、自分の多様な可能性を視覚化し、それらを統合的に活用できる新しい方向性を見いだすことができます。これにより、「あれもこれも」と散漫になりがちなエネルギーを、より焦点を絞った形で活用できるようになるでしょう。それは、人生100年時代のキャリア設計において大きな意味を持ちます。

自分の多面的な可能性を俯瞰《ふかん》的に見ることで、これまで気づかなかった才能の組み合わせや新たな挑戦の方向性を発見できるかもしれません。また、一見バラバラに見える興味や能力の間につながりを見いだすことで、「あれもこれも」と散漫に広げ過ぎることなく、焦点を絞って効果的に活用する戦略を見いだせるはずです。

「振り返りワークシート」を活用することで、マップ作成で得た気づきを整理し、具体的なアクションプランに落とし込むことができます。特に、新たに思いついた取り組みや仕事を実現していく可能性と魅力度を評価することで、次のステップを現実的に計画することができます。

人生１００年時代においては、単一のキャリアパスにこだわるのではなく、複数の興味や才能を生かした多様なキャリアを構築することが可能になります。このワークを単発で終わらせずに定期的に行うことで、自分の成長や興味の変化をたどりながら、常に新鮮な視点で自分のポテンシャルを再評価することができます。

マルチポテンシャルを認識し、それを強みとして生かすことで、常に新たな可能性を探りながら変化の激しい現代社会により柔軟に適応し、充実した長い人生を送るための確固たる基盤を築くことができるでしょう。

手順

1. 準備

- 大きな紙（A３サイズ以上推奨）と付箋を用意する
- 好きな色のペンやマーカーを２色以上用意する
- 静かで集中できる環境を整える
- 60分程度の時間を確保する

2. 紙に円と名前を書く

- 紙の中央に円を描き、その中に自分の名前を書く
- 名前の周りに空間を十分に確保する

3. 興味分野・活動の書き出し

- 3~5分間程度のブレインストーミングを行い、興味のある分野や活動を思いつく限り付箋に書き出す
- 各付箋を紙に貼る（後ほど移動する可能性があるので、どこに貼ってもよい）
- ペンやマーカーで色分けを行い、大まかなカテゴリーを視覚化する（例：仕事関連は青、趣味は緑など）

4. スキル・資格と経験の追加

- 各項目に関連する具体的なスキルや経験を派生させて追加する（例：「語学」→「ビジネス英語」「中国語日常会話」）
- 可能な限り具体的に記述する
- できれば、関連するエピソードや得られた成果についても記入する

5. グループ分け

- 似た項目をグループ化する
- 各グループに名前をつける（例：「クリエーティブ系」「分析系」「サポート系」「健康系」「フード系」「アウトドア系」）

6. マップの分析

- 完成したマップを俯瞰し、密度の高い部分やグループ同士のつながりをチェックする
- 自分の強みや独自の組み合わせを見いだす
- 気づきをマップの余白にメモする

7. 新しい可能性の探索

- 既存のスキルや興味を組み合わせた新しい取り組み（新領域）を３つ以上リストアップ（例：海外経験・語学系グループ×プレゼンテーション関連グループ→退職後に地域の外国籍の子供たちに日本語を教えるボランティア※）
- それぞれの取り組みの実現可能性や魅力度を5段階で評価
- 魅力度の高いものについて、実現に向けたステップを考えて書く
- 実践した後、振り返りワークシート（**図表7-8**）に記録をつける

※日本語教師の資格については、2024年4月から「登録日本語教員」という国家資格になりました。なお、私は大学で外国人留学生向けの日本語の授業を担当していますが、日本語教師には英語のスキルは必須ではありません。日本語教師への道は、英語力に関係なく開かれています。

図表7-8　ワーク６の振り返りワークシート

ワーク６「マルチポテンシャル活用マップ作り」の振り返りワークシート

日付：　　年　　月　　日

作成時間：　　　分

1．マップに書き出した主な分野・活動（上位５つ）

1）　　　2）　　　3）　　　4）　　　5）

2．発見した意外なつながり

（　　　　　　　　　　　　　　　　　　　）

3．自分の強みとして再認識したこと

（　　　　　　　　　　　　　　　　　　　）

4．新たに思いついた取り組みや職業（上位３つ）

1）（　　　　）実現可能性：1　2　3　4　5　　魅力度：1　2　3　4　5

2）（　　　　）実現可能性：1　2　3　4　5　　魅力度：1　2　3　4　5

3）（　　　　）実現可能性：1　2　3　4　5　　魅力度：1　2　3　4　5

5．グループ化で見えてきた自分の特徴

（　　　　　　　　　　　　　　　　　　　）

6．人生１００年時代に生かせそうな自分の多様な可能性

（　　　　　　　　　　　　　　　　　　　）

7．このワークを通じて得られ新たな可能性や気づき

（　　　　　　　　　　　　　　　　　　　）

8．今後挑戦したい新しい分野や学びたいスキル

（　　　　　　　　　　　　　　　　　　　）

9．マルチポテンシャルを生かすための具体的なアクションプラン

短期（１カ月～半年以内）：（　　　　　　　　　　）

中期（半年～１年以内）　：（　　　　　　　　　　）

長期（１年以上）　　　　：（　　　　　　　　　　）

10. 総合評価

このワークは役立ったか：

全く役に立たなかった　1　2　3　4　5　非常に役に立った

自己理解が深まったか　：

全く深まらなかった　1　2　3　4　5　非常に深まった

11. 自由記述（その他の感想や気づき）：

（　　　　　　　　　　　　　　　　　　　　　　　　　　　　　　　　　）

出所：筆者

【ワーク7】定期的な振り返りと目標調整のための「1人リトリート」（通称：ひとリート）

特に効果的な人

④健康維持強迫症、⑤自己投資迷走症／タイプ２「仕掛けるぞ！攻撃的ミッドフィルダータイプ」

目的

多才さと行動力を最大限に生かしつつ、長期的な視点を失わずに効果的に目標を達成していけるようにする。

内容

月に1回、1人でリトリートを行い過去1カ月間の振り返りと目標調整を行う。

解説

「リトリート」とは、日常の生活から一時的に離れ、静かな環境で自分自身を見つめ直すための時間を設けることです。多くの場合、数日間を要しますが、本書は忙しい方でも実践しやすい簡易版（プチバージョン）を提案しています。本格的に取り組まれる場合は、宿泊施設や自然の多い場所に移動するのもよいでしょう。

タイプ2「仕掛けるぞ！攻撃的ミッドフィルダータイプ」の方は、その多才さを生かして多くの目標を同時に追いかける傾向がありますが、時として方向性を見失ってしまうことや疲労につながる可能性があります。定期的に振り返りを行って目標を調整すれば、長期的な視点を失わずに柔軟に対応できるようになります。

このワークは、多才さを最大限に生かしつつ、方向性を見失わないために非常に有効です。月に1回の定期的な実施により、次の効果が期待できます。

まず、過去1カ月の成果と課題を明確にすることで、自分の進み具合を客観的に評価できます。これは自己効力感の向上につながり、モチベーションを持続させやすくなります。

次に、目標リストを見直して優先順位を再設定することにより、限られたリソース（時間・エネルギー）を効率的に配分することができます。これは、多くの目標を同時に追いかけがちなタイプ2の方にとって特に重要です。

さらに、新たな目標を追加し、既存の目標を調整することで、変化する環境や自分の成長の度合いに合わせて柔軟に対応できます。これは、人生１００年時代において不可欠なスキルです。具体的な行動計画を立てることで、目標を現実の行動に落とし込むことができ、「やりたいこと」を「やること」から「できたこと」へと変換する橋渡しが可能となります。

最後に、長期的なビジョンとの整合性を確認することで、日々の活動が本当に自分の望む方向に向かっているかを確認できます。これは、長期的な視点を失わずに前進するために極めて重要です。

このワークを継続的に実施することで、自己理解が深まり、多様な活動や目標の中にあってもバランスを失うことなく効果的に前進することができるでしょう。またこのワークは、人生１００年時代においてタイプ２の人が多様な才能と高いエネルギーを最大限に生かしつつ、持続可能な形で成長を続けていくための強力なツールとなります。時間をかけて自分と向き合う習慣は、人生１００年時代を豊かに、そして自分らしく生きるための重要な基盤となるでしょう。

手順

1. 準備
• A4サイズ程度の紙またはノートと筆記用具を用意する
• 静かで落ち着いてワークに取り組める環境を選ぶ

2. 過去1カ月の振り返り（20分）
a　成果リストの作成
• 達成した目標や進展があった項目を思いつくままに具体的に書き出す
• 目標については、仕事に限らずプライベートに関するものも含めてよい
• 小さな成果も含めて、できるだけ多く列挙する
b　課題の洗い出し
• 予定通り進まなかった項目や障害となった要因を特定する
• 改善が必要な点や新たに浮上した問題を記録する

3. 現在の目標の評価（20分）
a　目標リストの確認
• 現在設定しているすべての目標をリストアップする

ｂ　重要度の評価

- 各目標の重要度を5段階で評価する（５：最重要～１：あまり重要でない）

ｃ　進捗状況の確認：

- 各目標の現在の進捗状況を０～１００％で評価する

ｄ　ａからｃのまとめ

- 表形式で、目標とその評価、進捗状況を整理して見やすくする

3．目標の調整（20分）

ａ　新規目標の検討

- 新たに追加したい目標や興味が出てきた分野を、最近の興味・関心や環境の変化を考慮しつつリストアップする
- 新しい目標を設定する際は、経営やコーチング心理学の分野で用いられている「ＳＭＡＲＴの法則」を意識する（徳吉・岩崎, 2012）

Ｓ　具体的であること（Specific）：「英語の勉強をする」ではなく、「1年後にTOEICスコアを８００点に引き上げる」など、具体的な目標を立てる

Ｍ　測定可能であること（Measurable）：英語力なら「TOEICスコア」、社外（所属先以

外）のネットワークを広げるのであれば「参加した交流会の回数」や「新しく出会った人の数」など、数値化できる指標を設定する

A　達成可能であること（Achievable）：例えば1年間で新しい資格を5つ取ることは今の自分のスケジュールから考えて現実的な目標なのか、無理のない範囲で設定する

R　妥当であること（Relevant/Realistic※）：資格取得や健康管理だけを目的とするのではなく、目標を将来の進路や夢と関連づける。例えば「カウンセリングや心理学を学んでメンタルヘルスに関連する仕事に従事したい」など

T　時間制約があること（Time-bound/Time-limited）：「将来」ではなく、「今日から6カ月後までに」と具体的な期限を設けることで、焦点を絞って取り組めるようになる

※ SMARTの法則の「R」は、「Related」としているものもあります（GLOBIS学び放題×知見録，2024）。

例えば、以下のような目標も考えられる。

- 1年以内に社内メンター制度をスタートさせ5人以上の若手社員の指導を行う
- 3年以内に、年収を今よりも25％アップさせる
- 5年以内に、退職後のセカンドキャリア構築に向けた具体的な計画を立てて、そのために必要なスキルをオンラインで学び始める
- 毎月1冊ビジネスに関連する本を読んで、その記録をスマートフォンのアプリにつける

b　優先度の見直し

•重要度が下がった目標や、現実的ではなくなった目標、または一時中断した方がよい目標を特定する

c　目標の取捨選択

•新規目標の追加と既存目標の削除または優先度を変更する

5. 次の1カ月の行動計画立案（20分）

a　重点目標の設定

•次の1カ月で特に注力する目標を3～5個選ぶ

b　具体的なアクションの決定

•各重点目標に対して、具体的な行動計画を立てる

•期限、必要なリソース（時間、エネルギー、資金など）の配分を検討し、達成の指標を明確にする

6. 長期的なビジョンとの整合性確認（20分）

既に長期的なビジョンや達成目標がある場合、続けて以下のaからcに取り組む

a　長期的なビジョンとの整合性の確認

• 1年後、3年後、5年後のビジョンを再確認する

b 現在の行動との一致度チェック

• 現在の目標と行動が長期的なビジョンにつながっているか確認する

c 必要に応じてビジョンや目標を調整

• 長期的なビジョンとの不一致がある場合、目標や行動計画を修正する

7. 振り返り

• ワークシート（図表7-9）に記入しながら振り返りを行う

図表7-9　ワーク７の振り返りワークシート

ワーク７「定期的な振り返りと目標調整のための『１人リトリート』」の
振り返りワークシート

日付：　　年　　月　　日

1．過去１カ月の主な成果を３つ挙げてください。

a ____________________

b ____________________

c ____________________

2．現在の主な３つの目標の進捗状況を０〜１００％で評価してください。

a ____________________

b ____________________

c ____________________

3．現在直面している主な課題とその対策を記述してください。

課題 ____________________

対策 ____________________

4．目標の見直しにより、新たに追加した目標と優先度を下げた目標を記入してください。

追加した目標 ____________________

優先度を下げた目標 ____________________

5．次の１カ月の重点目標３つと、各目標に対する具体的なアクションプランを書いてください。

目標１ ____________________

アクション ____________________

目標２ ____________________

アクション ____________________

目標３ ____________________

アクション ____________________

6．（既に長期的なビジョンや達成目標がある場合に記入）長期的なビジョンと現在の行動計画の一致度を評価し、調整が必要なことがあれば書いてください。

長期的なビジョンの内容

____

一致度（0〜100%）＿＿＿＿＿＿％

調整が必要なこと

____

7．今回の振り返りを通じての気づき（　　　　　　　　　　）

8．次の1カ月に向けての抱負や決意（　　　　　　　　　　）

9．総合評価

目標達成度　　：　低　1　2　3　4　5　高

モチベーション：　低　1　2　3　4　5　高

出所：筆者

7-3 タイプ３「決めるぞ！ストライカータイプ」向けワーク

タイプ３「決めるぞ！ストライカータイプ」向けのワークは３つあります（**図表7-10**）。順に説明します。

【ワーク８】人生の幸福度・充実度チェック

特に効果的な人

⑥投資挑戦過剰症／タイプ３「決めるぞ！ストライカータイプ」

目的

人生における各側面のバランスを評価し、過度の偏りを是正する。

図表7-10　タイプ３「決めるぞ！ストライカータイプ」向けのワーク

番号	ワーク名	対象となる「人生１００年時代不適応シンドローム」の症状
ワーク８	人生の幸福度・充実度チェック	⑥投資挑戦過剰症
ワーク９	理想の１日・１週間・１カ月・１年の過ごし方を考える	⑦過労疲弊症
ワーク10	後世に残したいギフトを考える	⑥投資挑戦過剰症、⑦過労疲弊症

出所：筆者

内容

人生における8つの目標をチェックする※。

※心理学者のスーパーは、子ども、学生、余暇人（余暇を楽しむ人）、市民、労働者、家庭人の少なくとも6種類を、生涯に人が果たす主要な役割とし、これらの組み合わせがキャリアであると考えました（渡辺，2018）。本ワークではこれらの役割を参考にして人生における領域を作成しました。

解説

タイプ3「決めるぞ！ストライカータイプ」の方は、新しい目標や挑戦に熱中するあまり、人生の他の重要な側面を見落としがちです。定期的に人生の様々な側面をチェックすることで、より調和のとれた生活を送ることができます。このワークは、⑥投資挑戦過剰症の方が人生の様々な側面のバランスを評価し、より幸せで充実した生活を送るための指針を得ることを目的としています。

「振り返りワークシート」（**図表7-11**）を活用することで、自分の人生を多角的に見つめ直し、幸せで充実した生活を実現するための具体的な行動指針を得ることができます。定期的に実践し振り返りを行うことで、継続的な成長と自己実現を図ることができます。

定期的にこのワークを行うことで、自分の生活パターンの変化をたどりつつ、必要に応じて軌道修正を行うことができます。これは人生１００年時代において重要となる、長期的なウェルビーイングの維持につながります。

手順

1. 準備

- 静かで落ち着ける場所を選び、30分程度の時間を確保する
- ペンと紙、またはデジタルデバイスを用意する

2. 8つの領域を選定する

例※：

- 仕事
- 家族・パートナーシップ
- 心と身体の健康
- 趣味・余暇
- 学び・生涯学習
- 社会貢献・ボランティア
- 人間関係・対人関係

・お金・資産

※これは1つの例である。例えば、「心と身体の健康」を「心の健康」と「身体の健康」に分けたり、「家族・パートナーシップ」を、「親との関係（子どもとして）」「子どもとの関係（親として）」「配偶者・パートナーとの関係」の3つに分けたりして、8つを選んでもよい。もちろん、例には無い領域を選定してもよい。「8」は目安の数字であり、6～10個の間なら可。その場合は以下の「8つ」と記載のある部分を選択した数に置き換えて進める。

3．各領域の充実度を評価する

・選んだ8つの領域それぞれについて、現在の幸福度・充実度を10段階で評価する
・1は「全く幸せを感じていない・充実していない」、10は「非常に幸せを感じている・充実している」を意味する
・直感的に感じた数値を記入し、深く考え過ぎないようにする

4．評価結果を分析する

・記入した評価を俯瞰し、次の点を確認する：
・全体的なバランスが取れているか
・極端に低い評価（3以下）の領域はないか
・高評価（8以上）の領域を今後どのように維持・発展させられるか

5. **改善計画を立てる**
- 評価が低い領域や、改善の余地がある領域を特定する
- 各領域について、具体的で実行可能な改善策を２つ程度考える
  例：「身体の健康」が低評価なら「週３回30分のウォーキングを始める」など

6. **振り返りを行う**
- 振り返りワークシート（**図表7-11**）に記入する

7. **定期的な再評価**
- このワークを3カ月ごとに繰り返し実施する
- 前回の評価がある場合はそれと比較し、変化・向上した点や改善しなければならない点を検討する
- 進捗が見られない領域については、改善策を見直し調整する

8. **継続的な実践**
- 月に1回程度フォローアップを行い、モチベーションを維持する
- 日々の生活の中で各領域のバランスを意識し、必要に応じて軌道修正する

図表7-11　ワーク８の振り返りワークシート

ワーク８「人生の幸福度・充実度チェック」の振り返りワークシート

日付：　　年　　月　　日

1．選択した８つの領域と幸福度・充実度を10段階で評価

1　領域名（　　　　　　　　　　）幸福度・充実度の評価（　　）
2　領域名（　　　　　　　　　　）幸福度・充実度の評価（　　）
3　領域名（　　　　　　　　　　）幸福度・充実度の評価（　　）
4　領域名（　　　　　　　　　　）幸福度・充実度の評価（　　）
5　領域名（　　　　　　　　　　）幸福度・充実度の評価（　　）
6　領域名（　　　　　　　　　　）幸福度・充実度の評価（　　）
7　領域名（　　　　　　　　　　）幸福度・充実度の評価（　　）
8　領域名（　　　　　　　　　　）幸福度・充実度の評価（　　）

2．全体的なバランスの評価

□ バランスが取れている □ やや偏りがある □ 大きな偏りがある
コメント（自由記述）：（　　　　　　　　　　）

3．最も幸せを感じられている・充実している領域（上位２つ）

1　領域名（　　　　　　　　　　）
2　領域名（　　　　　　　　　　）
これらの領域を維持・発展させるための具体的な行動計画（　　　　　　）

4．改善が必要な領域（下位２つ）

1　領域名（　　　　　　　　　　）
2　領域名（　　　　　　　　　　）
これらの領域を改善するための具体的な行動計画（　　　　　　）

5．気づきと洞察

このワークを通じて気づいたこと、学んだこと（　　　　　　）

6．次回のフォローアップまでの目標

特に力を入れたい領域と具体的な行動計画（　　　　　　）

7．次回のフォローアップ予定日：　　年　　月　　日

出所：筆者

【ワーク９】理想の１日・１週間・１カ月・１年の過ごし方を考える

特に効果的な人

⑦過労疲弊症／タイプ３「決めるぞ！ストライカータイプ」

目的

仕事とプライベートを持続可能な形で統合し、人生１００年時代において充実した生活を送るための具体的なビジョンと計画を立てる。

内容

理想の１日・１週間・１カ月・１年の過ごし方を考える。

解説

⑦過労疲弊症の方は、仕事に没頭するあまり、プライベートを犠牲にしがちです。人生１００年時代においては、仕事とプライベートを持続可能な形で組み合わせながら豊かに生きていくことが不可欠です。

理想の1日・1週間・1カ月・1年の過ごし方を考えるワークを通じて、仕事とプライベートの境界をより柔軟に捉え、両者をうまく組み合わせる具体的な方法を見いだすことができます。理想の姿をできるだけ詳しく視覚化して現状とのギャップを明確にすることで、実行可能な行動計画を立てることができます。

定期的な評価と調整を行うことで、長期的には仕事とプライベートの両方を豊かにすることが可能になり、人生100年時代をより生き生きと自分らしく生きるための基盤を築くことができるでしょう。このワークは、仕事に没頭しがちな⑦過労疲弊症の方に、生活全体のバランスを取ることの重要性を再認識させる有効なツールとなるでしょう。

手順

1．準備
- 静かで落ち着ける場所を選ぶ
- A4サイズの紙またはノートと、お気に入りの筆記用具を準備する
- 携帯電話はサイレントモードにするなど、集中できる環境を整える

2．ビジョン創造（60分※）

※これは1日・1週間・1カ月・1年の4つのワークに取り組んだ場合の合計所要時間の目安を示しています。そのため1つだけを選んだ場合の所要時間は約4分の1になります。

４枚の紙を用意し、それぞれに「理想の1日」「理想の1週間」「理想の1カ月」「理想の1年」と記入する。次に示す要素を考慮しながら、理想の姿を詳細に書き出す。文章だけでなく、イラストや図表も活用して視覚的に表現する

要素

- 仕事（業務内容、勤務時間、場所など）
- 家族・パートナーとの関係性や時間の過ごし方
- 趣味・レジャー
- 健康管理（運動、睡眠、食事など）
- 学習・自己啓発
- 社会貢献・ボランティア活動

aからdの順に視覚化に取り組む。あまり時間がない場合はこのうち1つを選んでもよい。

a　理想の1日を視覚化（15分）

- 起床から就寝までの流れを時間軸に沿って書く

・仕事、家族、趣味、健康、学習などの要素を色分けして図示する

b　理想の1週間を視覚化（15分）

・週間カレンダーを作成し、それぞれの日の主な活動を記入する

・仕事とプライベートの配分・バランスを可視化する

c　理想の1カ月を視覚化（15分）

・月間カレンダーを作成し、主要なイベントや目標を記入する

・仕事、家族とのイベント・記念日、趣味などのバランスを確認する

d　理想の1年を視覚化（15分）

・年間カレンダーを作成し、重要な目標や計画を記入する

・仕事で関わる長期プロジェクト、休暇の予定などを配置する

3．現状分析（20分）

・現在の1日・1週間・1カ月・1年の過ごし方を別の4枚の紙に同様に記述する

・時間配分、従事する活動の種類、頻度などを具体的に書き出す

4．理想と現状との差（ギャップ）の特定（30分）

・理想と現状を比較し、主な相違点をリストアップする

- 各ギャップについて、その原因や妨げになっている要因を分析する

5. 行動計画立案（20分）
- 特定したギャップごとに、それを埋めるために行う具体的なアクションを考える
- 各アクションに優先順位をつけ、実行する時期を決める
- 必要なリソース（時間、資金、スキルなど）を明確にする
- 短期（1カ月～半年以内）、中期（半年～1年以内）、長期（1年以上）の目標をそれぞれ設定する

6. 実行とモニタリング計画（10分）
- 行動計画の進捗を確認する頻度を決める（例：週1回）
- 進捗状況を記録する方法を選択（アプリ、ノート、カレンダーなど）
- 定期的な全体評価の日程を決める（例：3カ月ごと）

7. 振り返り
- ワークシート（図表7-12）に記入しながら振り返りを行う

図表7-12　ワーク9の振り返りワークシート

ワーク9「理想の1日・1週間・1カ月・1年の過ごし方を考える」の
振り返りワークシート

日付：　　年　　月　　日

1．このワークを通じて、あなたの「理想の生活」について新たに気づいたことは何ですか？

____

____

____

____

2．理想と現状のギャップの中で、最も優先して取り組みたい項目とその理由を記述してください。

項目 ______________________________

理由 ______________________________

3．行動計画の中で、すぐに（例えば今日から）始められる3つのアクションを挙げてください。

a ______________________________

b ______________________________

c ______________________________

4．このワークを通じて、仕事とプライベートについての考え方に変化はありましたか？　もしあった場合は、考え方がどのように変化しましたか？

____

____

____

5．このプランを実行した結果、次の定期フォローアップの実施日（例：3カ月後）までにあなたの生活にどのような変化が起こっていることを期待しますか？

____

____

____

出所：筆者

【ワーク10】後世に残したいギフトを考える

特に効果的な人

⑥投資挑戦過剰症、⑦過労疲弊症／タイプ３「決めるぞ！ストライカータイプ」

目的

短期的な成果だけでなく、長期的な影響力や後世へのギフト（贈り物）を意識し、人生の意味や目的をより深く考察する。

内容

後世へのギフトとして、自分の人生で何が残せるかを考えて人生の指針を得る※。

※キャリア心理学においては、キャリアを「外的キャリア」と「内的キャリア」の2つに分けて考えています。「外的キャリア」は、履歴書などに含まれる仕事内容や地位など客観的なキャリアの側面を示します。これに対して「内的キャリア」は、仕事に対する意欲、使命感、達成感といった主観的な側面を指します（杉山他，2018）。このワークは、読者のみなさんが人生１００年時代を自分らしく生きていくために、この両方を充実させていくことができるように作成しました。

解説

タイプ３「決めるぞ！ストライカータイプ」の方は、目の前の成果に集中するあまり、長期的な影響や後世に及ぼす影響をあまり顧みなくなってしまうことがあります。自分が後世に残したいものや伝えたいこと、すなわち「後世へのギフト」を考えるワークは、自分の人生の意味や目的をより深く考え、モチベーションを持続させるのに役立ちます。

「後世に残したいギフト」のリスト作成を通じて、タイプ3「決めるぞ!ストライカータイプ」の方は自分の人生の意味や目的をより深く考えながら、将来にわたって持続する影響を考慮した行動計画を立てることができます。日々の活動をより広い視野で捉えることで、モチベーションを持続させるのと同時に、人生100年時代をより意義深く生きるための指針を得ることができるでしょう。定期的にこのワークを行い、リストや実施計画を更新することで、世界の変化と自分の成長に合わせて、有意義な人生の指針を保っていくことができます。

手順

1. 準備

- 静かで落ち着ける場所を選ぶ
- A4サイズの紙またはノートと、お気に入りの筆記用具を準備する
- 携帯電話はサイレントモードにするなど、集中できる環境を整える

2. 未来に残す影響を考えて書き出す（20分）

- 静かな場所で、深呼吸を数回行い、リラックスした状態になる
- 「１００年後の世界に、どのような影響を残したいか？」について、制限時間10分でできるだけ多くのアイデアを書き出す
- 書き出したアイデアを見直し、最も重要だと感じる３つを選択する
- 選んだ３つのアイデアについて、それぞれ具体的なイメージを膨らませ、詳細に描写する

3. 人生を物語化・映画化してタイトルをつける（20分）

- 目を閉じ、自分の人生を１本の映画として想像する
- その映画のハイライトとなる最も重要なシーンを５つ程度思い浮かべる
- それらのシーンを踏まえて、「あなたの人生の物語が映画や本になるとしたら、どんなタイトルをつけたいか？」の質問に答える
- タイトルを決めたら、その映画や本の簡単なあらすじ（２００字程度）を書く

4. 後世に残したいギフトのリストを作成する（20分）

- 前記の２と３で書き出した内容を見直す
- 共通するテーマや価値観を特定する

テーマや価値観の例：努力、自由、家族、友情、平和、安全・安定、協力、愛

- これらを統合し、２００字程度で後世に残したいギフトのリストを作成する

※注意：ギフトは、物やお金に限らず、育成した人材や志のように有形と無形の財産を合わせて考える

- リストアップされた項目を声に出して読み、違和感があるところはないかチェックする
- 必要に応じて微調整を行う

5．行動計画を立てる（20分）

- 後世に残したいギフトのリストを実現するための長期目標（例：10年後の目標）を３つ設定する
- 各長期目標に対して、３年後の中期目標を設定する
- 中期目標を達成するための1年以内の短期目標を設定する
- 短期目標を実現するための具体的な行動計画（３カ月以内に着手するもの）を３つ以上リストアップする

6．振り返りを行う

- ワークシート（図表7-13）に記入しながら振り返りを行う

図表7-13　ワーク10の振り返りワークシート

ワーク10「後世に残したいギフトを考える」の振り返りワークシート

日付：　　年　　月　　日

1．あなたが後世に残したいと思うギフトのリストを記入してください。

＿＿＿＿＿＿＿＿＿＿＿＿＿＿＿＿＿＿＿＿

＿＿＿＿＿＿＿＿＿＿＿＿＿＿＿＿＿＿＿＿

2．このワークを通じて、あなたの人生観や価値観にどのような変化がありましたか？　また、あなたの人生の目的や意味に関する理解がどのように深まりましたか？　具体的に説明してください。

＿＿＿＿＿＿＿＿＿＿＿＿＿＿＿＿＿＿＿＿

＿＿＿＿＿＿＿＿＿＿＿＿＿＿＿＿＿＿＿＿

3．リスト作成を行った結果、現在のあなたの優先順位や日々の行動にどのような変化が生じると予想しますか？

＿＿＿＿＿＿＿＿＿＿＿＿＿＿＿＿＿＿＿＿

＿＿＿＿＿＿＿＿＿＿＿＿＿＿＿＿＿＿＿＿

4．リストの項目を後世に残すための長期目標を３つ挙げてください。

a ＿＿＿＿＿＿＿＿＿＿＿＿＿＿＿＿＿＿＿

b ＿＿＿＿＿＿＿＿＿＿＿＿＿＿＿＿＿＿＿

c ＿＿＿＿＿＿＿＿＿＿＿＿＿＿＿＿＿＿＿

5．設定した長期目標の中で、最も挑戦するのが難しいと感じるものとその理由を記述してください。

目標 ＿＿＿＿＿＿＿＿＿＿＿＿＿＿＿＿＿＿

理由 ＿＿＿＿＿＿＿＿＿＿＿＿＿＿＿＿＿＿

6．短期目標を実現させるために、３カ月以内に着手する具体的な行動計画を３つ記入してください。

a ＿＿＿＿＿＿＿＿＿＿＿＿＿＿＿＿＿＿＿

b ＿＿＿＿＿＿＿＿＿＿＿＿＿＿＿＿＿＿＿

c ＿＿＿＿＿＿＿＿＿＿＿＿＿＿＿＿＿＿＿

7．このワークを通じて、人生１００年時代をより意義深く生きるために 重要だと感じたことは何ですか？　ヒントや気づきがあれば書いてください。

出所：筆者

タイプ3向けワークの追加解説

これらのワークを組み合わせて実践することで、タイプ３「決めるぞ！ストライカータイプ」の方は、その情熱と意欲を維持しつつ、より持続可能で調和のとれた形で人生１００年時代に適応していくことができるでしょう。重要なのは、短期的な成果と長期的なウェルビーイングのバランスを取り、常に自分を更新し続ける姿勢をもつことです。高い目標・理想に向かって全力で突き進む一方で、自分との対話（自己内コミュニケーション）を通じて内なる声に耳を傾け、必要に応じて軌道修正を行う柔軟性を持つことが、この型の人々にとってのカギとなります。

人生は、１００メートル走のような短距離走ではなく、マラソンのような長距離走に例えられることがあります。しかし、人生１００年時代は、マラソンを超えて、トライアスロンさながらの様相を呈しています。つまり、これまでの１００年に満たない人生では、「スイム」だけ、または「バイク」や「ラン」だけでも乗り切れたのに、今では「バイク」も「ラン」も含めたいろいろな種目を長期間こなさなくてはならなくなったのです。

逆に言えば、人生１００年時代は、私たちに多くの機会と挑戦をもたらします。タイプ３「決めるぞ！ストライカータイプ」の方の積極性とチャレンジ精神は、この新しい時代を生き抜く上で大きな強みとなります。しかし、その強みを最大限に生かすには、自己内コミュニケーションを通じた自己理解と自己管理を実践していくことが欠かせません。これらのワークは、そのための有効なツールとなるでしょう。

7-4 まとめ～人生１００年時代不適応シンドロームの克服に向けて～

人生１００年時代への適応は、一朝一夕に達成できるものではありません。それは、時には勇気ある決断をしながら学びを続けて自分をアップデートさせていくという、生涯にわたるプロセスです。このプロセスを通じて、私たちはより豊かで意義を感じられる人生を築き上げていくことができるのです。

本章で紹介したワークを実践し、自分自身と向き合って新たな可能性を追求することで、人生１００年時代の先駆者となる道が開けるでしょう。そして、みなさんの挑戦と成長が、周りの人々や社会全体にもポジティブな影響を与え、より良い未来の創造につながることを願っています。

人生100年時代は、困難とチャンスが並走する時代です。しかし、適切な準備と心構えがあれば、可能性に満ちた時代にしていくことができるのです。本章が、あなたの人生100年時代への適応の一助となれば幸いです。

〈第8章〉

人生100年時代を生き抜く実践トレーニング

8-1 ソーシャルサポートネットワークのパターン診断テスト

本章の狙い

さて、本書も最終章となります。少し振り返っておくと、人生100年時代は、私たちにとって未知の領域であり、「異文化」だと言えます。従来の人生設計や価値観が通用しない世界に足を踏み入れる経験は、まさに異文化との遭遇に似ています。このような状況において生じる不適応感やストレスは、異文化適応の初期から中期にかけて経験されるカルチャーショックと多くの共通点を持っています。

しかし、カルチャーショックを避けようとすることに問題がないとはいえません。むしろ、それを克服するプロセスこそが、個人を大きく成長させる機会となるのです。同様に、人生100年時代に適応していく過程で感じる不安や戸惑いも、私たちを成長させる貴重な機会として捉え直すことができるでしょう。

本章では、人生１００年時代という「異文化」への不適応症状を克服し、さらなる成長を遂げるためのトレーニング法を紹介します。これらのトレーニングは、単に不適応症状を緩和するだけでなく、新しい環境で活躍するための能力を養い、より充実した人生を送るための基盤を築くことを目指しています。

読者のみなさんには、まず診断テストを通じて自分のパターンを把握していただきます。その結果に基づいて、自分のパターンに最も適したトレーニング方法を選択し、実践していただくことになります。

前章では症状別に対策を紹介してきましたが、本章では不適応の「予防」と「リハビリ」の両方に効果的で、各症状に共通して対応できる汎用性の高いトレーニングを紹介します。日常生活に無理なく取り入れることができ、実践を続けることによって大きな効果が期待できます。これにより、現在直面している課題だけでなく、将来起こり得る問題にも柔軟に対応できる力を養うことができるでしょう。

さてそれでは、ソーシャルサポートネットワークのパターン分け診断テストを紹介します。このテストは、読者のみなさんに自分自身の状況を客観的に理解し、適切なトレーニング方法を選択していただくことを目的としています。また、自己理解を深めることで、納得感や安心感を得ることもできるでしょう。

診断テスト

以下の質問に答えて、あなたのソーシャルサポートネットワークのパターンを確認しましょう。各質問について、最も当てはまる選択肢を1つ選んでください。

1. 困ったときに最初に相談する人は決まっていますか？

a　はい、いつも同じ人に相談する
b　状況に応じて相談する相手を変える
c　あまり誰かに相談することはない

2. あなたをサポートしてくれる人は、どのような関係の人が多いですか？

a　家族や親しい友人など、限られた人々
b　友人、同僚、専門家など、幅広い人々
c　特定の人はいない

３．問題が起こったとき解決のためにどうアプローチしますか？
ａ　まず身近な人に相談する
ｂ　問題の性質に応じて、適切な相談相手を選ぶ
ｃ　自分で解決しようとする

４．自分の家族・友人や知り合いの数と質を表現するとどうなりますか？
ａ　小規模だが濃密
ｂ　中規模で多様
ｃ　小規模または存在しない

５．新しい人間関係を日ごろどのように築いていますか？
ａ　既存の関係を大切にし、新しい関係づくりには消極的
ｂ　積極的に新しい関係を築こうとする
ｃ　新しい関係を築くことに関心が薄い

6．ストレスを感じたときの対処法は？

a　特定の人物に話を聞いてもらう

b　状況に応じて、適切な人に相談したり、活動に参加したりする

c　1人で対処しようとする

7．重要な決断を下す際、どのように行動しますか？

a　信頼する特定の人物の意見を重視する

b　様々な人の意見を聞いた上で、自分で判断する

c　主に自分自身の判断に基づいて決定する

8．日常生活での悩みや不安について、どの程度他者と共有しますか？

a　特定の人物とほぼすべてを共有する

b　状況に応じて、適切な人と選択的に共有する

c　あまり他者と共有しない

9．あなたの人生の目標や夢について、誰と話し合いますか？

a　主に特定の人物（例：配偶者、パートナー）

b　様々な人（例：家族、友人、先生）
c　ほとんど誰とも話さない

10. 緊急時や危機的状況で、誰に助けを求めますか？
a　まず特定の人物に連絡し、その人を通じて他の人や機関からサポートを得る
b　状況に応じて、最適な支援者や機関に直接連絡する
c　できる限り自力で対処しようとする

採点方法

「a」は1点、「b」は2点、「C」は3点になりますので、前記の自身の回答を**図表8-1**に転記して数字に「〇」をつけ、「a」「b」「c」のそれぞれで集計（小計）して合計点を計算し、自分の型を判断してください。

図表8-1　採点表

設問番号	a	b	c
1	1	2	3
2	1	2	3
3	1	2	3
4	1	2	3
5	1	2	3
6	1	2	3
7	1	2	3
8	1	2	3
9	1	2	3
10	1	2	3
小計			
合計点			

出所：筆者

合計10～16点：シングルチャネル型
合計17～23点：カスタムサポート型
合計24～30点：ミニマルサポート型

診断結果

このテストは、あなたの現在のソーシャルサポートネットワークの傾向を大まかに示すものです。この傾向は固定的なものではなく、環境が変化したり意識して努力したりすることによって時間とともに変わる可能性があります（同様に、これまでの人生においても変化があった可能性もあります）。また、各型にはそれぞれ長所と短所がありますので、一概にどれが良いというわけではありません。

重要なのは、自分の型を理解した上で、その強みを生かしつつ、弱点を補うような取り組みを行うことです。

例えば、シングルチャネル型の人は、信頼関係の深い支援者がいるという強みがありますが、半面、その人に過度に依存するリスクがあります。カスタムサポート型の人は、状況に応じた柔軟な対応ができる一方で、特定の関係性が深まりにくい可能性があります。ミニマルサポート型の人は、自立性が高いという利点がありますが、他者との関わりが少ない分、必要な時に適切なサポートを得られにくいというデメリットがあるかもしれません。

8-2 型別トレーニング

前節で示した診断テスト結果に基づいた型別トレーニングを紹介します。各型の特性を踏まえ、その強みを生かしつつ弱点を補うトレーニング方法を提案します。また、全型に共通するトレーニングも用意しています（図表8-2）。無理なく継続できるものを選んで、実践してください。

なお、診断テストの結果に応じたトレーニングにこだわらず、自分の型以外のトレーニングにも積極的に取り組むことをお勧めします。多角的なアプローチを取ることで、より柔軟で強固なソーシャルサポートネットワークを構築して異文化適応につなげていくことができます。

シングルチャネル型（集約型）向けトレーニング

トレーニング① 不適応克服に役立つ対人コミュニケーション「エポケーと無言承認リスニング」

シングルチャネル型のソーシャルサポートネットワークを持つ人々にとって、重要な意味を持つのは「エポケーと無言承認リスニング」です。「エポケー」とは、判断停止や留保を意味する概念です（山本他, 2022）。

シングルチャネル型のネットワークを持つ人は特定の人物に依存しがちなので、エポケーを学び実践することで、その特定の人物との人間関係をより深め、豊かなものにすることができます。「親しき仲にも礼儀あり」と言われるように、親密な関係においても相手を尊重し、適切な距離感を保つことは大切です。この姿勢は、長期的で健全な関係を維持する上で欠かせません。

エポケーを実践して関係性を深めるための効果的な方法として、特にお勧めなのは「無言承認リスニング」を応用した次に示すト

図表8-2　型別トレーニング一覧

型	No	トレーニング
シングルチャネル型（集約型）	トレーニング①	不適応克服に役立つ対人コミュニケーション「エポケーと無言承認リスニング」
カスタムサポート型（課題特定型）	トレーニング②	不適応克服に役立つ対人コミュニケーション「アクティブ・リスニング」
ミニマルサポート型（希薄型）	トレーニング③	不適応克服に役立つ自己内コミュニケーション「セルフトーク」
全型共通	トレーニング④	不適応克服に役立つ自己内コミュニケーション「異文化トレーニング（常識の逆）」
	トレーニング⑤	不適応克服に役立つ対人コミュニケーション「自助グループ活動」
	トレーニング⑥	不適応克服に役立つ対人コミュニケーション「異文化トレーニング（異なる文化・価値観に触れる）」

出所：筆者

レーニングです※。このトレーニングでは、相手の話を途中で遮らずに、じっくりと耳を傾けることを学びます。これにより、相手の言葉や感情をより深く理解し、すぐに判断や評価を下すことなく、オープンな心で受け入れる姿勢を身に付けることができます。

※ 山本他（2022）では、聴き手と話し手に分かれてのエクササイズが示されていますが、ここではより手軽に取り組める1人での練習法を提案しています。もし2人で取り組むことができる場合は、以下の方法をお勧めします。まず、信頼できる友人や家族に協力を依頼します。タイマーで5～10分程度の時間を設定します。話し手の側は話したいトピックを選び、経験したことや自分の意見について話します。聴き手はその話を聴く時、うなずきや相づちで応答するだけで言葉では応答しないようにします。聴いている間は、評価するのではなく理解するように努めます。話し終えた後に、双方で体験したことを振り返ります。その後役割を交替して同じ手順を繰り返して行います。

このトレーニングを通じて、動画鑑賞という間接的な経験からもエポケーを練習・実践していくことが可能になります。練習を続けることで、日常生活でのコミュニケーション力や状況把握力が高まるでしょう。また、このトレーニングを通じてエポケーの能力を養うとともに、メディアリテラシーやクリティカルシンキング（批判的思考）の力も向上させることができ、異なる価値観や生き方への理解を深める機会にもなります。自分の中の先入観や偏見に気づき、それらを一時的に脇に置いて相手の視点から物事を見る力が養われます。結果として、より深い共感と理解に基づいた関係性を構築することができ、シングルチャネル型のネットワークの質を向上させることができるでしょう※。

※ 本書では1人でできる方法を紹介しているため詳しくは扱いませんが、シングルチャネル型の方にはアサーション・トレーニン

グも適しています。アサーションは主張的行動とも表現されますが、他者を尊重しながら、自分の意見や感情を相手に誠実に伝えるためのコミュニケーションスキルです。日本では、相手に対する配慮に満ちた間接的表現を大切にすることが指摘されています（高濱・田中, 2009）。そのため、アサーション・トレーニングに取り組むことで、自分も相手も大切にするバランスの取れたコミュニケーションが実現でき、親しい間柄においてもストレスが蓄積するのを防ぎつつお互いが満足し、尊重し合える関係を築くことが可能になります。

トレーニング方法

1. 準備

- 静かな環境を用意し、集中できる状態にします。
- メモ用紙とペンを準備します。
- 見慣れないジャンルや、普段避けがちな内容の動画作品をストレスのかからない範囲で選びます。テレビ番組や映画などの動画で一時停止できる形式のものが適しています。

2. 心構え

- この練習は「評価」ではなく「観察」が目的だと自分に言い聞かせます。
- 心をオープンにして、作品を純粋に見るように心掛けます。

3. 視聴開始

・作品を再生し、通常よりもやや低めの音量に設定します。
・リラックスした姿勢で座り、画面に集中します。

4. 観察

・登場人物の言動、表情、声のトーンに注目します。
・ストーリー展開や背景にも注意を払います。
・BGMや効果音などの音響効果も意識します。

5. 自分自身の内面の観察

・自分の中に生じる感情、思考、判断を意識的に観察します。
・これらの反応を抑制しようとせず、ただ観察し、流れ去っていくのを受け入れます。
・「良い」「悪い」「好き」「嫌い」といった評価を控えます。

6. 記録(メモ)

・もし強い感情が湧き出てきたら、一時停止します。
・その瞬間の自分の反応、思考、感情をメモします。

- なぜそのような反応が起きたのか、気づいたことを記録します。

7. **異なる視点の探求**
- 各登場人物の立場に立って考えてみます。
- 「なぜこの人物はこのような行動をとったのか」と、判断せずに探求します。

8. **全体を通しての観察**
- 作品全体を通した自分の反応パターンや、ストーリー展開による感情の変化を観察します。

9. **振り返り：作品視聴後、以下の点について内省します**
- 最も強い反応が生じたのはどの場面か
- 自分の価値観と衝突した部分はあったか
- 新しい視点や理解が得られたか
- 判断を停止することが難しいと感じた時はあったか

10. **応用**
- 異なるジャンルや文化圏の作品で練習を重ねます。

・普段ニュースを見る際や会話を聞く際にも、この姿勢を取り入れてみます。

11. 定期的な練習

・この練習を週に1~2回程度、定期的に行います。
・練習を重ねるたびに、自分の変化や気づきを記録します。

注意点

・完璧を目指そうとせずに、気づきを得ることに焦点を当てて取り組みます。
・評価したり判断を下したりしたとしても自分を責めずに、それ自体を観察します。
・エポケーは、練習を繰り返すことで徐々に身に付けられるようになります。

カスタムサポート型（課題特定型）向けトレーニング

トレーニング② 不適応克服に役立つ対人コミュニケーション「アクティブ・リスニング」

カスタムサポート型のソーシャルサポートネットワークを持つ人々は、状況に応じて周囲の人から適切なサポートを求める傾向があります。最適な支援を得るために適切な人物にアプローチでき、様々な課題や状況に柔軟に対応できるのです。この型の人にお勧めするのは、ソーシャルサポートネットワークをさらに発展させることです。そのためにはより高度なコミュニケーションスキルが求められることから、トレーニング方法としては「アクティブ・リスニング」が効果的です。

アクティブ・リスニングとは、「聴き手が話を聴いているということが、話し手に伝わるように表現する聴き方のこと」（戸田, 2023, p24）を指します。ビジネスの分野においても注目されており、例えば自分の考えを率直に伝えられるといった心理的安全性を組織において実現させるために、上司の側に求められる聴き方であることが指摘されています（戸田, 2023）。

ここで紹介するトレーニング※では、多様な人間関係を効果的に活用し、適切なサポートを得るスキルを磨きます。さらに、このプロセスを通じて、既存のソーシャルサポートネットワークを強化しつつ、新しい関係を構築することも可能になります。アクティブ・リスニングのスキルは、新しい出会いの場面でも効果を発揮し、初対面の人との関係構築を円滑にします。これにより、ネットワークの幅が広がり、より多様なリソースにアクセスできるようになります。

※本書では1人で手軽にできる方法を紹介していますが、カスタムサポート型の方には、ネットワーキングイベントに参加するというトレーニングも適しています。例えば、月に1回程度、関心のある分野のイベントや交流会に参加します。イベントに参加する前に、印象に残るような自己紹介や会話のきっかけとなる質問を複数準備しておくようにしましょう。イベント中に新しい人と会話する人数の目標（例：最低3人）を決めておきます。イベントの後、印象に残った人や有益な情報を記録し、フォローアッ

プの計画を立てます。フォローアップの例としては、自分から連絡を取って近況報告や情報交換を行うほか、相手の記念日や資格取得などを祝福するメッセージを送ったり、相手が興味を持ちそうなことに関する情報を機会があれば共有したりすることが考えられます。

このトレーニングを継続的に行うことで、アクティブ・リスニングのスキルを効果的に向上させることができます。他者のコミュニケーションスタイルを観察し、自己の行動を客観的に分析することで、より優れた聴き手になることができるのです。実践を重ねるにつれて、日常のコミュニケーションにもこれらのスキルが自然に生かされるようになるでしょう。結果として、より充実した生活や成功したキャリアを築くための基盤を形成することができます。

トレーニング方法

アクティブ・リスニングには2種類の方法があります。

〈方法1〉テレビや動画を見て、話している人の様子をよく観察する方法

手順

a　好きなテレビ番組や動画を選びます。インタビュー、トークショー、ニュース番組などが適しています。

b　音声をオンにして見始めます。

c　話し手の言語的・非言語的要素※を観察します。
- 使用している言葉や表現
- 話すスピードやリズム
- 声のトーンや抑揚
- 沈黙や間の取り方
- 表情
- 目の動きや視線の向け方（アイコンタクト）
- 身振り手振り（ジェスチャー）
- 姿勢や体の向き
- 相手との距離の取り方

d　観察した内容をメモします。特に印象的だった点を記録します。

e　複数の参加者（話している人）がいる場合、参加者同士のやり取りにも注目します。

誰がどのように相手の話を聞いているかを観察します。

f　このプロセスを定期的に（例えば週に1〜2回）繰り返し、様々な状況を観察します。

※言葉によるメッセージ伝達を言語コミュニケーション（バーバルコミュニケーション）、言葉以外の手段によるメッセージ伝達を非言語コミュニケーション（ノンバーバルコミュニケーション）と言います（八代他，2009）。

〈方法2〉自分が参加しているオンライン会議の動画などを見て、自分が話を聞いている時の様子を観察する方法

手順

a　自分が参加したオンライン会議の録画を用意します。自分が許可を得て録画したものか、または会議主催者が共有した録画を使用します。

b　録画を再生し、特に自分が他の人の話を聞いているシーンに注目します。

c　次の点を観察し、メモを取ります。

- 自分の表情（関心を示しているように見えるか、退屈そうに見えないか）
- アイコンタクト（カメラを適切に見ているか）

・姿勢（前のめりで聞いているか、椅子にもたれかかり過ぎていないか）
・うなずきや相づちのタイミングと頻度
・質問や確認の仕方（適切なタイミングで建設的な質問ができているか）

d　観察を終えてから、次の点について自己評価を行います。
・話し手に対して十分に関心を向けられていたか
・非言語的な方法（相づち、アイコンタクトなど）で適切に反応できていたか
・話の内容を正確に理解できていたか
・適切なタイミングで質問や確認ができていたか

e　良かった点と改善点をリストアップします。
例：
・適切なタイミングで質問ができた
・もっとうなずきを増やす
・表情をより豊かにする
・姿勢を正す

f　次回のオンライン会議に参加する際、これらの改善点を意識して実践します。その際の録画を許可を得て使用することができれば、a～eの手順で見返してみるのもよいでしょう。

g　このプロセスを定期的に（月に1～2回程度）繰り返し、自分のアクティブ・リスニングのスキルがどのくらいアップしたかを確認します。

ミニマルサポート型（希薄型）向けトレーニング

トレーニング③ 不適応克服に役立つ自己内コミュニケーション「セルフトーク」

この型の人は、他者との関わりが少ない傾向にあるため、まずは自己内コミュニケーションを強化することが重要です。役立つのは「セルフトーク」です。これは、「自分の内側における自分自身との対話」（鈴木, 2021, p5）であり、人の喜怒哀楽や思考、行動の引き金となる「特別なひとり言」（鈴木, 2021, p20）でもあります。

つまりセルフトークは、自分自身との対話を通じて、ポジティブな思考パターンを築く方法だと言えます。このトレーニングは、自己理解を深め、ストレス管理能力を向上させるのに役立ちます。特に、他者との関わりが少ない方にとっては、自分との健全な対話を通じて心の安定を図ることが重要です。

このトレーニングを通じて、ミニマルサポート型の人は自己理解を深め、内なる強さを育むことができるでしょう。自己内コミュニケーションのスキルを向上させることで、ストレス管理能力が高まり、他者との関わりに対する不安も軽減されるかもしれません。また、心が安定して自己効力感が高まることで、徐々に他者との関係構築にも前向きになれる可能性があり、他者との関わりを徐々に増やしていく準備にもなります。

トレーニング方法

手順

ネガティブな思考が浮かんだら、それをノートや紙に書き出し、より建設的な考え方に置き換える練習をします。

1．準備

- ノートや紙を用意し、毎日10分間程度、考えていることを書き出す作業を行います。朝・

昼・晩などの時間を決めて行うと習慣化につながります。

2. 実践※

※アルバート・エリスの論理療法を参考に筆者が作成しました。論理療法の特徴は、考え方や受け取り方（ビリーフ）を変えたり、出来事や状況を変えたりすることで人の悩みの解決や目標達成につなげていこうとする点にあり、世界的に知られています（國分, 1999）。

- 次の手順で実践します：

a　ネガティブな思考（悲しみ、怒りなど）を書き出します
b　その思考に対する客観的な証拠を探します
c　その思考に反する証拠を探します
d　より現実的で建設的な思考に置き換えます

例：

a　ネガティブな思考：「私は人付き合いが苦手だ」
b　客観的な証拠：「交流会やパーティーにはあまり参加していない」
c　反する証拠：「親友と呼べる人がいる」
d　建設的な思考：「私は親しい人とは良好な関係を築けている。他の人間関係も新たに

築いていくことができるはずだ」

ｅ　声に出す：ｄで書き出した建設的な思考を声に出して読みます。できれば繰り返し読むようにします。写真に撮って保存し、見返してみるのもよいでしょう。これにより、自己効力感を高めていきます※。

※ネガティブな思考が生まれていること自体が問題というわけではなく、その思考はむしろ問題や課題を知らせてくれていると捉えられます。「自分ならできる」という自分自身への声かけ（自己教示）を行うことで、自己効力感を高めることが問題解決につながる力になっていきます（金築，2018）。

3．振り返り

・週に1回、書き出した思考パターンを振り返り、自身の成長を確認します。

全型共通トレーニング

シングルチャネル型（集約型）、カスタムサポート型（課題特定型）、ミニマルサポート型（希薄型）のどの型にもお勧めできるトレーニングを紹介します。全部で３つあります。

トレーニング④不適応克服に役立つ自己内コミュニケーション「異文化トレーニング（常識の逆）」

固定観念や既存の価値観にとらわれず、柔軟な思考を養うことは、変化の激しい時代を生き抜く上で重要です。人生１００年時代は、これまでの常識が通用しない「異文化」と言えます。自分の価値観や思考の枠組みを柔軟に広げる練習をしましょう。

このトレーニングを通じて、私たちが当たり前と思っている考え方や価値観を別の角度から見ることができます。創造性を高め、クリティカルシンキングの力を養うのに役立ちます。また、異なる文化や価値観を理解する上でも有効です。

トレーニング（常識の逆）方法

手順

当たり前だと思っていることに対して、通常とは逆の視点から考えてみます。好きなことわざや故事成語の逆を考える方法※と、テレビＣＭや新聞・雑誌の広告を見てキャッチコピーの逆を考える方法を紹介します。

※ 八代他（2009）を参考に筆者が作成しました。

〈方法1〉ことわざや故事成語の逆を考える

例：「石の上にも三年」

a　ことわざや故事成語を1つ選びます。
b　通常の意味：辛抱すれば最後には成功する。
c　逆の視点を考える：「石の上で待つな」
・3年も辛抱している間にストレスがたまって健康を損なう結果になってはいけない。
・辛抱している分のエネルギーを別の努力に向けたほうが生産性が上がる。
d　この逆の視点の有効性
・無益な苦労を避け、短期間で目標を達成できる可能性がある。
・メンタルヘルスの維持にもつながる。

〈方法2〉広告のキャッチコピーの逆を考える
例：化粧品の広告「若さを取り戻す」
a　テレビCM、新聞・雑誌広告のキャッチコピーに注目します。
b　通常の意味：この製品で若返ることができる。
c　逆の視点を考える：「年齢を重ねる喜び」
・加齢を自然でポジティブなプロセスとして捉える。
・精神的な成長や蓄積した経験の価値を強調する。

d　この逆の視点の有効性
・年齢に関する社会の価値観を再考する。
・内面の美しさや人生経験の価値を認識する。

トレーニング⑤ 不適応克服に役立つ対人コミュニケーション「自助グループ活動」

「自助グループ（セルフヘルプ・グループ）」とは「同じ悩みを持った人たちが集まるグループ」（高松, 2004, p18）のことで、共通の悩みを持つ人々が一緒に話すことで好ましい影響があるとされています。アルコール依存症の人たちのグループ、不登校の人たちのグループなどがあり、既に医療・臨床の分野において豊富な実績を有しています。

私たちはこの知見を教育の分野に応用させ、海外留学を経験して日本に帰国した学生を対象とした自助グループ活動を開発し、実践してきました※。その結果、自助グループに参加した学生が、情報や心情を共有して安堵したり、留学を今後のキャリアに活用していくモチベーションを高め合ったり、行動への意欲を刺激し合ったりしていたことが示されました。つまり、自助グループの活動が、参加者の認知・感情・行動の３側面に影響したといえます（高濵・田中, 2023）。

※ 留学などの海外滞在経験者が滞在先において異文化適応のプロセスを経るのと同様に、海外から帰国した後にも再適応のプロセ

スを経ることが知られています。再適応の際、リエントリーショック（逆カルチャーショック）を経験し、カルチャーショックと同様の様々な困難に直面することがあります（高濱・田中, 2023）。

このトレーニングを通じて、同じ課題を持つ人々と交流することで、自身の問題を客観的に捉える力が養われます。また、他者をサポートする経験は自己効力感を高め、人生１００年時代を前向きに生きる力となるでしょう。交流には様々な手法がありますので、負担にならないように注意しつつ、自助グループ活動を楽しんでください。

トレーニング方法

手順

a　オンライン・オフラインの自助グループを探したり開催したりして、定期的に参加します。

実践例：

- インターネットや地域の掲示板・広報誌などで適切な自助グループ、または自助グループ的な活動のできる集まり（例：高校や大学の同窓会、同じ出身地の人の集い、経営者向けの勉強会）を探します。家族・友人・同僚などからの紹介を受けるのもよいでしょう。

- 最初は月に1回程度、グループのミーティングに参加します。
- 初めは聴くことから始め、徐々に自分の体験を話す機会を増やしていきます。
- 他のメンバーの話に耳を傾け、共感的な態度で接します。批判したり助言したりするのではなく、相手の気持ちに寄り添うことを心掛けます。
- 他のメンバーの話に対しては、ポジティブなフィードバックを意識します。
- 参加した後、次の点をノートやアプリなどに記録します。
  - 学んだこと、気づいたこと
  - 共感できた経験や感情
  - 他の参加者から得られたアドバイスや情報
- 慣れてきたら少しずつ参加する頻度を増やし、可能であれば週1回程度の参加を目指します。

b　グループでの体験や学びをノートなどに記録し、自身の成長を可視化します。

実践例：

- 自助グループ専用のノートなどを用意します。
- 毎回の集まりの後で、次の点について記録します。

◦自分の感情の変化
◦新しく学んだ対処法や考え方
◦他の参加者との交流から得た気づき
•月に1回程度、これまでの記録を振り返り、自身の成長や変化を確認します。
•3カ月ごとに、自助グループ活動を通じて達成した目標や克服した課題をリストアップします。

c　可能であれば、グループ内で役割を担当し主体的に活動に関わります。

実践例：

•グループに慣れてきたら、運営側の役割（例：新メンバーに対する案内、会場設営の手伝い）を引き受けます。あるいは、もし可能であれば自分でも同様の集まりを主催してみます。

•月に1回程度、グループディスカッションのファシリテーター（進行役）を担当します。

•半年に1回、ストレスの対処方法や自分の経験したことについてグループ内で発表する機会を設けます。

•これらの活動を通じて得た達成感を記録し、自己効力感の向上につなげます。

トレーニング⑥ 不適応克服に役立つ対人コミュニケーション「異文化トレーニング（異なる文化・価値観に触れる）」

多様な文化や価値観に触れることで、視野を広げ、変化に適応する力を養います。また、その経験を他者と共有することで、コミュニケーション能力も向上させることができます。なお、先述の通り「異文化」には、海外の国や地域の他、世代の違いや職業の違いなども含んで考えてください。

このトレーニングを通じて、多様な価値観や生活スタイルに触れることができます。この経験は、人生100年時代において必ず直面する社会の変化や多様化に柔軟に対応する力を養うのに役立ちます。また、異なる背景を持つ人々との共生や協働に求められる寛容さと異文化理解力も育むことができるでしょう。

トレーニング（異なる文化・価値観に触れる）方法

手順

a　読書：異文化を題材にした小説などを定期的に読みます。

実践例：

- 月に1冊、自分とは異なる文化や背景を持つ作家の作品を読みます。
- 読んだ後に考えた点を記録します。
  - 自分の文化との類似点と相違点
  - 新たに学んだ価値観や考え方
  - 自分の生活に取り入れたい価値観や考え方
- 3カ月に1回、読んだ本の中から最も印象に残った考え方を1つ選び、可能であれば実際の生活に取り入れてみます。
- 感想をSNSやブログで共有します。気づきや学びを言語化することで、自分の得たものを明確に理解できるようになります。

b　映画・テレビ番組の鑑賞：様々な国や文化を扱った作品を鑑賞します。

実践例：
- 週に1回、異文化を扱った映画やテレビ番組を見ます。
- 見た後、次の点についてノートなどに記録します。
  - 作品から学んだ新しい習慣や価値観
  - 自分の偏見や固定観念（ステレオタイプ）に気づいた点
  - 作品の登場人物の立場になって考えたこと

・月に1回、視聴した作品の中から最も印象に残ったシーンを選び、その場面での自分の行動を想像してノートなどに書きます。

c　料理：世界各国の料理を作ったり、専門店で買ったり、レストランで食べたりしてみます。

実践例：

・月に1～2回、異なる国の料理を自宅で作ります。

・料理を作る際は、その国の食文化や習慣について調べ、調べたことを記録します。

・月に1回、エスニック料理店を訪れ、本場の味を体験します。

・これらの経験を通じて、食文化の多様性や食を通じた文化理解について考えて記録します。

d　バーチャル旅行：オンラインツアーなどを活用し、世界各地の文化を疑似体験します。

実践例：

・月に1回、オンライン上のバーチャルツアーなどを利用し、異なる国や文化を「訪問」します。

・各体験後、次の点についてノートなどに記録します。

◦最も印象に残った場所
◦自国との類似点や相違点
◦その文化から学び、自分の生活に取り入れたい要素
•3カ月に1回、これらのバーチャル体験から得たものや学んだことを、自分の日常生活や考え方にどう生かせるかを考えて実践します。

e　イベント参加：国際交流や多文化共生をテーマにしたイベントに参加します。
実践例：
•住んでいる場所や働いている場所の近くなど、アクセスのよい場所を選びます。そこで開催されている国際交流や多文化共生をテーマにしたイベントを、その地域の国際交流団体や地方自治体のウェブサイトを通じて探してみます。
•月に1回、家族や友人と国際交流イベントに参加します。

f　経験の共有：a～eの体験を身近な人と共有して理解を深めます。
実践例：
•月に1回、家族や友人と「異文化体験をシェアする会」を開催します。
•それぞれが体験した異文化に関する学びや気づきを共有します。

・ディスカッションを通じて多様な視点や解釈に触れ、自身の理解をさらに深めます。
・話し合いから得た新たな情報や気づきを記録し、自身の価値観や行動にどのような影響を与えたか振り返ります。

8-3 まとめ

本章では、人生100年時代という「異文化」に対する不適応症状の「予防」とそこからの「リハビリ」のための実践的なトレーニング方法を詳しく紹介しました。自己内コミュニケーションと対人コミュニケーションの両面からアプローチすることで、よりスムーズな適応が期待できます。

重要なのは、これらのトレーニングを単なる「テクニック」としてではなく、自己理解を深め、他者との関わりを豊かにしつつ、新しい時代に柔軟に適応する力を養うためのプロセスとして捉えることです。一朝一夕では身に付かないかもしれませんが、継続的な実践を通じて、徐々に変化を実感できるはずです。

また、自分の型に合ったトレーニングを中心に取り組みつつ、他の型のトレーニングにも挑戦することで、より柔軟な適応力を身に付けることができます。全型共通のトレーニングは、基礎的かつ汎用的なスキルを養うのに効果的です。

これらのトレーニングは決して孤独な「修行」である必要はありません。家族や友人、同僚など、身近な人々と共に実践することで、互いに支え合いながら成長していくことができます。人生１００年時代という「異文化」に共に挑戦し適応していく仲間を見つけることも、このトレーニングの大切な目的の１つなのです。

人生１００年時代は、従来の人生設計では想定していなかった長さと多様性を持つ時代です。この時代を豊かに生きるためには、常に学び、成長し続ける姿勢が求められます。本章で紹介したトレーニングを日常生活に取り入れ、自分のペースで無理なく実践していくことで、人生１００年時代不適応シンドロームを克服し、新たな可能性に満ちた人生を切り開いていくことができるでしょう。

ここで紹介したトレーニングの目的は、完璧を追求することではありません。時には挫折や停滞を経験することもあるかもしれませんが、それも含めて人生100年時代を生きる適応過程の一部だと捉え、柔軟に対応していく姿勢が大切です。一歩一歩、着実に前進していくことで、必ず道は開けていくはずです。

最後に、異文化適応とは、環境に流されたり脅かされたりすることではなく、環境と自分との最適な関係を能動的に作り出すプロセスです。これらのトレーニングを通じて、読者のみなさんが自分らしく、かつ社会とも調和した形で人生100年時代という異文化を生き抜く力を身に付けられることを願っています。

おわりに

まず、この本を最後まで読んでくださったみなさんに心から感謝いたします。みなさんのお時間を頂戴し、私の思いをお伝えする機会をいただけたことを大変光栄に存じます。

私はこれまで、主に海外留学を希望している学生向けに大学で「異文化適応」の授業を担当してきました。その中で学生たちと議論を重ね、異文化適応のメカニズムについて深く考える機会に恵まれました。こうした経験から、授業で扱ってきた内容の一部が、現代の40代50代を中心とした世代にも当てはまるのではないかと考えるようになりました。そこで、これまでの知見を書籍という形でより多くの方々にお届けしたいと思い、本書を執筆するに至りました。

「人生100年時代」という言葉が示すように、私たちは長い人生の中で様々な変化や挑戦に直面します。そして、その一つひとつが「異文化適応」の機会だと言えます。海外出張や駐在のように明らかな文化の違いに直面する場面はもちろんですが、引っ越し、転職、結婚といった、一見すると日常的な出来事も、実は新しい環境や価値観への適応を必要とします。つまり、人生とは「異文化適応」の連続なのです。

本書でご紹介した異文化適応のメカニズムは、このように多くの出来事が連続する人生の全般に応用していくことが可能です。「人生100年時代不適応シンドローム」に悩まれている方はもちろん、そうでない方にも、予防とリハビリを兼ねて、本書で紹介したトレーニング法を試していただければ幸いです。日々の小さな変化に対する適応力を高めることで、より大きな変化にも柔軟に対応できるようになるはずです。

私たちはみな、これまでに様々な出来事を経験し、その過去の延長線上に今を生きています。そして、今の延長線上に未来が展開していくのです。言い換えれば、未来の方向性を決めるのは、まさに「今」この瞬間なのです。確かに、将来への不安を完全になくすことは難しいかもしれません。しかし、本書を通じて、今の生活の中に喜びや楽しみ、幸せの光を見いだし、それを少しずつ広げていくことはできるはずです。

人生100年時代を生きる私たちにとって、変化に適応する能力は今後ますます重要になってくるでしょう。異文化適応の過程は、時に困難や苦痛・試練を伴うこともありますが、本書でお伝えした通り、それは学びと成長の機会でもあります。新しい環境や状況に適応していく過程で、私たちは成長し、新たな可能性を見いだすことができるのです。

本書を通じて、読者のみなさんが自身の適応能力に自信を持ち、人生の様々な局面で直面する「異文化」を、恐れるべき「壁」と見なすのではなく、新たな可能性を開くための挑戦として捉えられるようになることを願っています。本書で紹介した様々な考え方や方法が、読者のみなさんの今後の人生をより豊かで充実したものにする一助となれば、これほどうれしいことはありません。

最後になりましたが、本書の企画段階から刊行に至るまで、温かく見守り続けてくださった編集者の松山貴之さんに心より感謝申し上げます。松山さんの的確なアドバイスと励ましがなければ、本書は完成には至らなかったと思います。また、本書の執筆に当たり、多くの方々からご協力とご支援をいただきました。ここに深く御礼申し上げます。

最後までお読みいただき、誠にありがとうございました。みなさんの今後の人生が、喜びと新たな気づきに満ちたものになりますように心よりお祈り申し上げます。

本当にありがとうございました。

参考文献

はじめに
・リンダ・グラットン、アンドリュー・スコット（2016）『LIFE SHIFT（ライフ・シフト）』東洋経済新報社

第1章
・一般社団法人日本健康心理学会編（2019）『健康心理学事典』丸善出版
・一般社団法人日本ソーシャルワーク教育学校連盟編（2021）『最新　社会福祉士養成講座　2高齢者福祉』中央法規出版
・内閣府（2023）『令和5年版高齢社会白書（全体版）（PDF版）』（https://www8.cao.go.jp/kourei/whitepaper/w-2023/zenbun/05pdf_index.html）（2024年7月23日閲覧）

第2章
・一般社団法人日本健康心理学会編（2019）『健康心理学事典』丸善出版
・岡田昌毅（2013）『働くひとの心理学　働くこと、キャリアを発達させること、そして生涯発達すること』ナカニシヤ出版
・鈴木満（2023）『海外生活ストレス症候群―アフターコロナ時代の処方箋』弘文堂
・田中研之輔（2019）『70歳まで第一線で働き続ける最強のキャリア資本術　プロティアン』日経BP

第3章
・国立研究開発法人国立がん研究センター（2020）「『がん情報サービス』がんに関する用語集　対症療法」

(https://ganjoho.jp/public/qa_links/dictionary/dic01/index.html#anchor4)（２０２４年６月30日閲覧）
・国立国語研究所「病院の言葉」委員会（2009）「「病院の言葉」を分かりやすくする提案　25対症療法（たいしょうりょうほう）」
(https://www2.ninjal.ac.jp/byoin/teian/ruikeibetu/teiango/teiango-ruikei-b/taisyoryoho.html)（２０２４年６月29日閲覧）
・日本先進医療臨床研究会ウェブサイト（n.d.）「【患者様用】当会の検査・治療をご検討中の方へ」
(https://jscsf.org/examination)（２０２４年７月２日閲覧）
・東京大学保健・健康推進本部保健センター（2021）「COVID-19の治療（2021/10/01改訂版）」
(https://www.hc.u-tokyo.ac.jp/covid-19/treatment/)（２０２４年７月２日閲覧）

第４章
・鈴木満（2023）『海外生活ストレス症候群ーアフターコロナ時代の処方箋』弘文堂

第５章
・Adler, P.（1975）The Transitional Experience: An Alternative View of Culture Shock. ***Journal of Humanistic Psychology***,17,pp13-23
・Bennett. M.J.（1993）Toward ethnorelativism: A developmental model of intercultural sensitivity. In R.M. Paige（Ed.）. ***Education for the Intercultural Experience***. Yarmouth. ME: Intercultural Press, pp21-71
・Berry, J. W.（2004）Fundamental Psychological Processes in Intercultural Relations. In Landis, D., Bennett, J. M., & Bennett, M. J.（Eds.）. ***Handbook of Intercultural Training***（3rd ed.）（pp166-184）. Thousand Oaks: CA: Sage Publications.
・江淵一公（2002）『バイカルチュラリズムの研究ー異文化適応の比較民族誌ー』九州大学出版会
・異文化間教育学会編著（2022）『異文化間教育事典』明石書店

・石井敏・久米昭元編集代表（2013）『異文化コミュニケーション事典』春風社
・岩波明（2021）『その「うつ」っぽさ適応障害かもしれません』青春出版社
・Kim, Y. Y.（2004）Long-term Cross-cultural Adaptation: Training Implications of an Integrative Theory. In Landis, D., Bennett, J. M., & Bennett, M. J.（Eds.）. *Handbook of Intercultural Training*（3rd ed.）（pp337-362）. Thousand Oaks: CA: Sage Publications.
・小林司編（2004）『カウンセリング大事典』新曜社
・Lysgaard, S.（1955）Adjustment in a foreign society: Norwegian Fulbright grantees visiting the United States. *International Social Science Bulletin*, 7, pp45-51
・宮里義彦（2018）『適応制御』コロナ社
・野島一彦監修（2022）『臨床心理学中事典』遠見書房
・Oberg, K.（1960）Cultural shock: Adjustment to new cultural environments. *Practical Anthropology*, 7, pp177-182
・最新医学大辞典編集委員会（2005）『最新医学大辞典第３版』医歯薬出版
・嶋田正和（2019）「進化と系統」嶋田正和・上村慎治・増田建・道上達男編『大学生のための基礎シリーズ２　生物学入門（第３版）』東京化学同人, pp258-272
・新村出編（2018）『広辞苑第七版』岩波書店
・山本志都・石黒武人・Milton Bennet・岡部大祐（2022）『異文化コミュニケーション・トレーニング　「異」と共に成長する』三修社
・八代京子・町恵理子・小池浩子・吉田友子（2009）『異文化トレーニング[改訂版]ーボーダレス社会を生きる』三修社

第６章

・一般社団法人日本健康心理学会編（2019）『健康心理学事典』丸善出版
・石井敏・久米昭元編集代表（2013）『異文化コミュニケーション事典』春風社

・厚生労働省e-ヘルスネット（n.d.）「ソーシャルサポート」（https://www.e-healthnet.mhlw.go.jp/information/dictionary/exercise/ys-067.html）（２０２４年７月19日閲覧）
・Takahama, A., Nishimura, Y., & Tanaka, T.（2008）. The influence of social skills on getting social support for adolescents during study abroad: A case study of Japanese short-term exchange students. *Journal of International Student Advisors and Educators*（『留学生交流・指導研究』）, Vol.10, pp69-83
・髙濵愛・西村佳恵・田中共子（2009）「短期日本人留学生のソーシャルサポート・ネットワークの構造に関する定性的研究」『静岡大学国際交流センター紀要』第３号、pp61-77
・田中研之輔（2019）『70歳まで第一線で働き続ける最強のキャリア資本術　プロティアン』日経ＢＰ
・田中共子（2000）『留学生のソーシャル・ネットワークとソーシャル・スキル』ナカニシヤ出版

第７章

・ジョナサン・S・アブラモウィッツ、ブレット・J・ディーコン、スティーブン・P・H・ホワイトサイド（2023）『不安へのエクスポージャー療法　原則と実践』創元社
・ジム・クリフトン、ギャラップ（2023）『さあ、才能（じぶん）に目覚めよう　最新版　ストレングスファインダー2.0』日経ＢＰ・日本経済新聞出版
・GLOBIS学び放題×知見録（2024）「成功する目標設定５つのポイント「SMARTの法則」とは？【フレームワーク解説／意味・具体的な使い方／ゴール設定】」（https://globis.jp/article/659/）（２０２４年７月11日閲覧）
・一般社団法人日本健康心理学会編（2019）『健康心理学事典』丸善出版
・クリスティン・ネフ、クリストファー・ガーマー（2019）『マインドフル・セルフ・コンパッション　ワークブック―自分を受け入れ、しなやかに生きるためのガイド―』星和書店
・杉山崇・馬場洋介・原恵子・松本祥太郎（2018）『キャリア心理学ライフデザイン・ワークブック』ナカニシヤ出版
・髙濵愛・田中共子（2023）『派遣留学生の再適応とキャリア形成の支援―帰国後教育における自助グループ活動の開発と実践―』東信堂

・髙濵愛・田中共子（印刷中）『1人でできる留学準備・活用ノート　海外留学経験の活かし方を学び、将来のキャリアをデザインしよう』三修社
・徳吉陽河・岩崎祥一（2012）「コーチング心理学の目標理論に基づく「目標行動スキル尺度（G-BEST）」の作成と妥当性の検証」『東北大学高等教育開発推進センター紀要』7, pp13-24.（http://hdl.handle.net/10097/57552）（2024年7月11日閲覧）
・エミリー・ワプニック（2018）『マルチ・ポテンシャライト　好きなことを次々と仕事にして、一生食っていく方法』PHP研究所
・渡辺三枝子編著（2018）『新版　キャリアの心理学［第2版］　キャリア支援への発達的アプローチ』ナカニシヤ出版
・米田智彦（2014）『デジタルデトックスのすすめ　「つながり疲れ」を感じたら読む本』PHP研究所

第8章
・金築智美編著（2018）『自己心理学セミナー　自己理解に役立つ13章』勁草書房
・國分康孝編（1999）『論理療法の理論と実際』誠信書房
・鈴木義幸（2021）『理想の自分をつくるセルフトーク・マネジメント入門』ディスカヴァー・トゥエンティワン
・髙濵愛・田中共子（2009）「アメリカ留学準備のためのソーシャルスキル学習の試み―アサーションに焦点を当てて―」『異文化間教育』30、pp.104-110
・髙濵愛・田中共子（2023）『派遣留学生の再適応とキャリア形成の支援―帰国後教育における自助グループ活動の開発と実践―』東信堂
・高松里（2004）『セルフヘルプ・グループとサポート・グループ実施ガイド』金剛出版
・戸田久実（2023）『アクティブ・リスニング　ビジネスに役立つ傾聴術』日経BP・日本経済新聞出版
・山本志都・石黒武人・Milton Bennet・岡部大祐（2022）『異文化コミュニケーション・トレーニング　「異」と共に成長する』三修社
・八代京子・町恵理子・小池浩子・吉田友子（2009）『異文化トレーニング［改訂版］―ボーダレス社会を生きる』三修社

著者プロフィール

高濵 愛 （たかはま あい）

異文化適応コンサルタント、東京都立大学・昭和女子大学非常勤講師。キャリアコンサルタント。

神奈川県出身。白百合学園高等学校、お茶の水女子大学卒業（在学中に北京とロンドンに短期留学を経験）、同大学大学院博士前期課程修了。米国スタンフォード大学大学院教育学研究科修士課程修了。

パナソニック株式会社（旧松下電器産業株式会社）で人事業務を担当後、一橋大学など国立大学において、常勤教員（専任講師・准教授）として留学・国際交流推進業務を担当。その後東京大学大学院特任研究員として、MOOC（大規模公開オンライン講座）関連業務に従事。2023年に独立し、「プレ留学サロン」では海外留学準備に関連するサポートを、「ポスト留学サロン」では海外留学経験者の帰国後のメンタルおよびキャリアサポートを提供。専門は異文化コミュニケーション、異文化間教育、留学生教育。

著書：『派遣留学生の再適応とキャリア形成の支援―帰国後教育における自助グループ活動の開発と実践―』（共著・東信堂）。異文化適応・異文化コミュニケーションに関する研究成果を担当講義「異文化適応」「異文化コミュニケーション」「国際交流ゼミナール」などで活用している。

・プレ留学サロンホームページ：https://manabuke.com/prers/
・ポスト留学サロンホームページ：https://manabuke.com/postrs/
・お問い合わせ、ご質問などはこちらまで：support@manabuke.com

ミドル世代を襲う人生100年時代
お金・健康・老後の不安やストレスを克服する

2024年10月15日　第1版第1刷発行

著　　者　高濵 愛
発 行 者　浅野 祐一
発　　行　株式会社日経BP
発　　売　株式会社日経BPマーケティング
〒105-8308
東京都港区虎ノ門4-3-12
装　　丁　bookwall
制　　作　マップス
編　　集　松山 貴之
印刷・製本　ＴＯＰＰＡＮクロレ株式会社

Printed in Japan　ISBN 978-4-296-20561-5